最強の回復能力

プロが実践するリカバリースキルの高め方

中野 崇

スポーツトレーナー／理学療法士

かんき出版

はじめに

みなさんは、こんな経験をしたことはありませんか？

ヘトヘトになるまで身体を動かした日の翌日、自分はまだ疲労を引きずっているにもかかわらず、チームメイトの中には疲れなんてどこ吹く風、元気いっぱいで練習にやってくる人がいる。

シーズンの後半、周りの選手が疲労で調子を落としている中、ずっと調子を維持し続けられる選手がいる。


このように、**同じ運動量（疲労行為）を行っているにもかかわらず、なかなか疲労が抜けない人と、すぐに疲労が抜ける人**がいます。その違いはいったいどこにあるのでしょう？

その答えこそが、本書のテーマである「疲労回復能力」です。

本来、「疲れにくさ」や「疲労からの回復力」は、運動神経や身体能力などと同じように、その人の体質や生まれながらの能力によるものと考えられていました。

しかし、**「疲労回復能力」はれっきとしたスキルの一つ。実はトレーニングによって、誰でも、意図的に、高めることができる能力なのです。**

疲労状態にあるのに、さらにトレーニングをして解決？　ちょっと不思議な感じがするかもしれませんね。

私自身も疲労の蓄積に悩まされた

実は私自身も、疲労の問題にはかなり悩まされてきました。

中学から大学まで野球部に所属し、投手や外野手としてプレーしてきましたが、投手として登板した試合から3日間ほどは、肩や腰の張りが抜けない状態になってしまうのです。

そもそも、肩や腰に負担が大きい投げ方だったということもありますが、それ以上に疲労が溜まった部位の張りがなかなか解消しないということが、大きな問題でした。

そんな状態でも連投を余儀なくされることは多く、「疲れてさえいなければ、もっとよいパフォーマンスができるのに……」という場面をたくさん経験しました。

こんなことを繰り返しているうちに、当然のように肩やひじのケガを繰り返すようになりました。

その後、大学ではバイオメカニクスを学びながら教員資格を、さらに進学して理学療法士の資格を取得しました。

そして、現在までスポーツトレーナーまたはフィジカルコーチとして、国内外のプロ選手・プロチームを中心にさまざまなジャンルのアスリートをサポートしていますが、これまでの経験として、また専門家として確信しているのは、**疲労がパフォーマンスに大きく影響する**ということです。

「そんなこと当たり前じゃないか！」と思いますよね。

そのとおりです。しかし、今なお多くの選手が過密日程などの疲労によって、本来のパフォーマンスが発揮できない問題に悩まされている以上、あらためてこの問題に向き合う必要があると思うのです。

多くの人はクーリングダウンの効果を実感できていない？

疲れていては、本来持っているパフォーマンスを十分に発揮できない。

このことはスポーツ選手に限らず、多くの人が実感しています。

日々のトレーニングで、いくらテクニックや筋力を高めても、疲労状態にあってはその能力を十分に発揮することはできませんし、疲労を蓄積させたまま続けていれば、いずれはケガや故障の原因になり得ます。

逆に言えば、**可能な限り早期に解消することが、次のベストパフォーマンスにつながる**ということです。回復能力の高い身体は武器になります。

それをわかっているからこそ、多くの選手が練習や試合の後にクーリングダウンなどの「疲労回復の取り組み」を行っているのです。

ですが同時に、こんな声もよく耳にします。

「ていねいにクーリングダウンをしているのに張りがとれない」
「マッサージをしたり、してもらったりしても、整うのはその日限り」
「そもそも自分のやっているストレッチには回復効果があるの？」

こういった発言の背景には、**多くの人がクーリングダウンの効果をあまり感じられていない現実**があるのでしょう。

私の実感としても、スポーツの現場でクーリングダウンがあまり重要視されていない印象を持っています。

また、内容もウォーミングアップほど精査されていませんし、クーリングダウンへの意欲が高い選手にもあまり出会いません。

本書では、

疲労回復能力を高めるための知識・考え方・習慣＝リカバリースキル

疲労回復能力を高めるための身体づくり＝リカバリートレーニング

と位置づけ、これまでとはまったく違う「疲れにくさ」や「疲労回復」に関する考え方、疲労回復能力を底上げさせるためのトレーニング方法を紹介します。

これらの方法は、私がプロ選手たちを指導する際に実際に行っているもので、**あらゆる競技に役立ちます**。

また、リカバリートレーニングによって疲労回復能力の目覚ましい向上につながるだけでなく、それによりこれまで実感できなかったクーリングダウンの成果も現れやすくなることもわかっています。

現時点では、「リカバリートレーニング」についてあまりイメージできないと思いますが、肝となるのは、**身体の「循環」を整えて、さまざまな「固さ」を取り除き、深部にある筋肉まで柔らかくする**ことにあります。

これにより得られるメリットは4つ。

■1 **疲労が回復するスピードが向上する**
■2 **疲労が回復する度合いが向上する**
■3 **疲労の蓄積に起因するケガが減少する**
■4 **疲れにくくなる**

本書を手に取った方は、スポーツ系の部活動をしている学生や趣味でスポーツを続けている社会人など、アマチュアとして、あるいはプロフェッショナルとして、日常的にスポーツをしている方だと思います。
日々の厳しい鍛錬の成果を十分に発揮するためにも、ぜひリカバリースキルを身につけてください。

スポーツトレーナー／理学療法士　中野崇

この本を読みはじめる前に、考えてほしいこと

そもそもみなさんは、「疲労の回復」についてどんなイメージを持っていますか？

■アミノ酸などの機能性食品やタンパク質をとる
■アイシングをする
■しっかり睡眠をとる
■ヒーリング系の音楽を流しながら、ゆったりとマッサージをする
■ヨガをしたり、静的ストレッチをしたりする
■アロマを焚《た》いて、瞑想をする（呼吸に意識を向ける）
■軽いジョギングやバイクなどの有酸素運動を行う

……などが挙げられるでしょうか。

実はここに大きな落とし穴があります。

これらは**疲労回復【行為】ではあっても、疲労回復【能力を高めること】とはまったく別物**だからです。

マッサージやアイシング、睡眠やサプリメント……いずれも疲労を回復する作用が期待できますが、その効果は限定的です。心地よいマッサージを受けたり、高価なサプリメントを摂取したりすると、そのときは疲れがとれるかもしれませんが、疲労を回復する能力そのものは向上しませんよね？

一方、体内で疲労を素早く処理し、回復できるのならば、それはその人自身に「疲労回復能力」が備わっているということです。

本書でトレーニングするのは、この疲労回復能力＝リカバリースキルです。

この能力はトレーニングによって向上させることができるだけでなく、持続させることもできます。

二つの違い、目的を整理すると、

■疲労回復行為　⇓　疲労した状態からさまざまな方法を駆使して、元気な状態に戻すことを目的とする

■疲労回復能力を高める身体づくり　⇓　疲労した状態から素早く回復できる能力を高めることを目的とする

ここからはこの二つの違いを明確にするために、また、解説の混乱を避けるために、疲労回復のための行為を「回復行為」、疲労回復能力そのものを「回復能力」と記載し、厳密に区別していきます。

また、本書で紹介する「リカバリートレーニング」の中には、ストレッチやマッサージと似た動きもあります。ですが、目的がまったく異なるということを頭の片隅に入れておいてください。

目次

第1章 運動後、クールダウンだけでは不十分

第2章

疲労にはおもに4つの種類がある

フェーズ

フェーズ3

トレーニング動画を見るには

「動画はこちら」と記載されているトレーニングは、
動画で実際の動きを確認することができます。
本書の解説とあわせて、
リアルな動きや動作のスピードなどを確認しながら、
一緒にやってみてください。

動画の見方

1 二次元コード認証アプリを立ち上げ（お持ちでない場合はダウンロードしてください）、二次元コードを読み取ります。

2 リンク先の動画を再生し、視聴します。

※動画ならびに動画掲載ページは、予告なく変更および中止する場合がございます。あらかじめご了承ください。
※機種によっては動画を再生できないこともあります。

デザイン／華本達哉（aozora）
イラスト／KAZMOIS
撮影／島本絵梨佳
衣装協力／ニューバランスジャパン
校正／鷗来堂
DTP／Office SASAI
編集協力／峰岸美帆

第1章

運動後、クールダウンだけでは不十分

疲労しているとき、身体で何が起きているのか？

スポーツをやっている人にとって、「回復能力の高い身体」「疲労が蓄積されない身体」が大きな武器になるというのは冒頭でお話ししたとおりです。

では、そもそも疲労が蓄積されているとき、私たちの身体はどのような状況に陥っているのでしょうか？

疲労にはさまざまな要因がありますが（詳しくは後述します）、**誰もが実感しやすいのは筋肉の疲労**です。

一例を挙げて解説しましょう。スポーツをした後の肉体には、次のような変化が起きます。

激しい運動をしたり、重い物を持ち上げたりする場合、私たちの身体は筋肉を収縮させて強い力を発揮しています。そのとき、筋肉に「微細損傷」と呼ばれる小さな傷ができます。

ただし、微細損傷そのものは大きな問題ではありません。回復が追いつかず修復しきれないまま次の微細損傷が起こり、蓄積していくのがよくないのです。多くのケガはそのような微細損傷の蓄積が関与しています。

筋肉系の疲労の特徴は、おもに「筋肉が固まる」という症状として現れることが多く、その先にある代表的なケガが「肉離れ」です。

固まってしまった筋肉が伸びにくくなるというのはイメージできますよね？

そんな状態のままさらに酷使することで、ある日突然、ブチッという音がして筋肉が切れたり、割けたりします。肉離れはこんなメカニズムで起こります。

プロ選手の場合、シーズン後半に起こりやすいのですが、まさに疲労が溜まりやすくなっている時期に起きています。

肉離れを起こした人の多くは「突然、肉離れになった」と訴えがちですが、決してなんの前ぶれもなく起こるものではありません。

時間をかけて、すなわち**疲労の蓄積によって筋肉が固まるという、肉離れの典型的な条件が揃ったうえで起きています。**

疲労しているとき、身体で起きていること

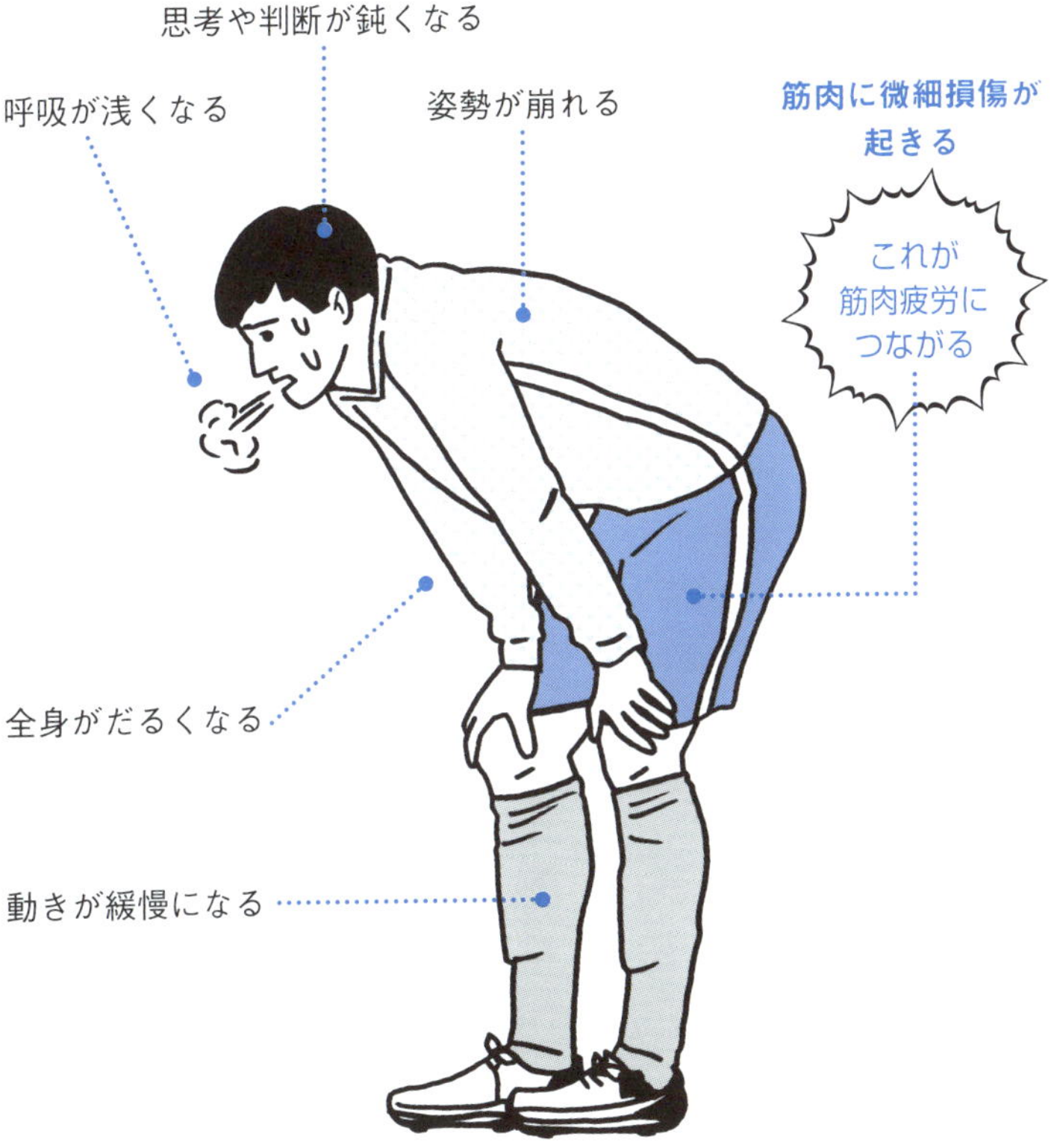

運動中に呼吸や心拍数が乱れるが、それによって血行不良＝循環の悪化は起こりにくい。それが運動後、疲労蓄積状態になると呼吸や心拍数は浅くなり、各器官が固まって血行が低下＝循環が悪化する。

微細損傷を修復するのは血液の役目

筋肉疲労を引き起こす大きな原因の一つが、血流の低下です。専門的には「循環の低下」と言いますが、そもそも**「循環」とは血液やリンパ液が全身の組織に酸素や栄養素を運び、不要な二酸化炭素や老廃物を受け取って、再び心臓に戻ってくる**ことを意味します。

微細損傷を修復するためには、血流が非常に重要です。なぜかというと、血流には酸素や栄養素の供給、老廃物の除去、炎症反応の調整、成長因子やホルモンの供給などを通じて、筋肉の微細損傷の修復を促す働きがあるからです。

酸素や栄養素は血液によって運ばれている

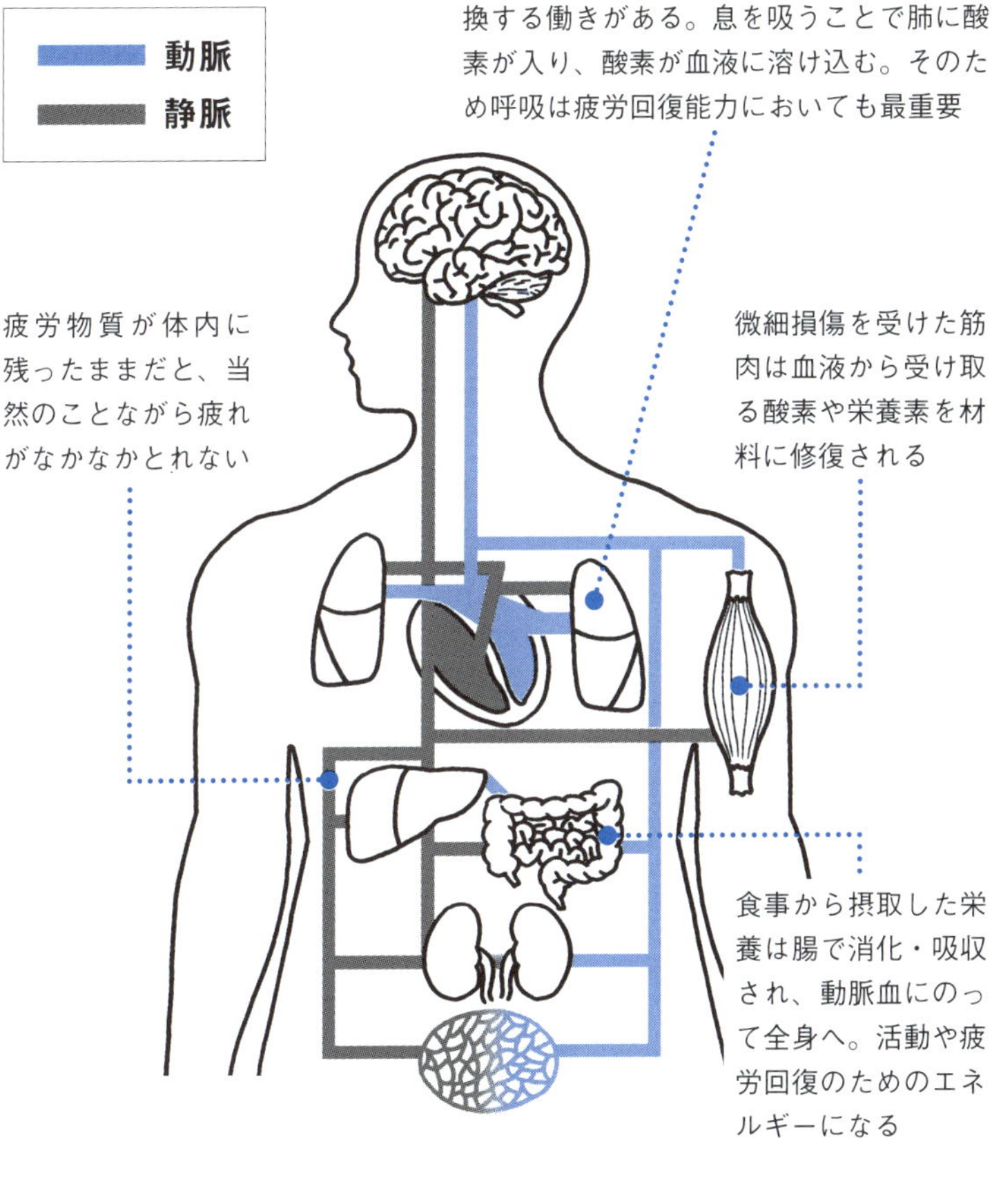

動脈
静脈
肺には血液の中の酸素と二酸化炭素を交換する働きがある。息を吸うことで肺に酸素が入り、酸素が血液に溶け込む。そのため呼吸は疲労回復能力においても最重要
疲労物質が体内に残ったままだと、当然のことながら疲れがなかなかとれない
微細損傷を受けた筋肉は血液から受け取る酸素や栄養素を材料に修復される
食事から摂取した栄養は腸で消化・吸収され、動脈血にのって全身へ。活動や疲労回復のためのエネルギーになる

血管には動脈と静脈があり、「動脈」は心臓から全身の各組織に酸素や栄養を豊富に含んだ血液（動脈血）を送り出す。一方「静脈」は各組織から二酸化炭素や老廃物を受け取り、心臓に戻ってくる血液（静脈血）が流れる。

スポーツをしている人であれば感覚的にわかると思いますが、脚は非常に疲労が溜まりやすい部位の一つです。

どの競技でも大きな負荷がかかるということに加えて、心臓から遠く、重力の影響で脚の血流は低下しやすいからです。

第二の心臓、ふくらはぎの重要性

血流状態はおもにふくらはぎでわかります。

ためしに、ふくらはぎのいろいろなところを指で深く押さえてみましょう。痛みがありますか?

痛みがあるなら血流が低下した状態であり、ケガのリスクが高くなっているサインです。疲労により蓄積された代謝産物や微細損傷が、痛みとして現れているのです。

痛みはないけれど、奥まで押し込めないほどカチカチに固まっているという場合も同じぐらいリスクが高いので、どちらもできるだけ早く改善する必要があります。

そして、重要なのは、**ふくらはぎが固まる症状は回復能力そのものが落ちているこ**

とを意味していることです。

ふくらはぎは「第二の心臓」と呼ばれ、ふくらはぎに固さが現れるぐらいなら、循環がかなり低下している＝疲労度が高い状態を意味します。ふくらはぎが固まった状態は、特にリカバリートレーニングの重要度が高いといえます。

血流とリンパ、二つの異なる循環系がカギ

血液のほかに、重要な役割を果たすのが「リンパ」です。

「リンパ」とはリンパ管、リンパ液、リンパ節の総称で、老廃物やウイルスなどを体外に排出するいわば体内の〝下水道〟。血液とリンパは二つの異なる循環系として体内で密接に関連しています。

血液中には、体内の細胞に酸素や栄養素を運ぶ赤血球、免疫細胞、栄養素、ホルモンなどが含まれています。そのため血流が低下すると、筋肉や臓器への酸素や栄養素の供給が不十分になり、回復が滞るというのは解説したとおりです。

一方、**リンパは余分な体液や老廃物を体外へ排出する働き**をします。加えて、消化

リンパは老廃物を回収しながら全身を巡る

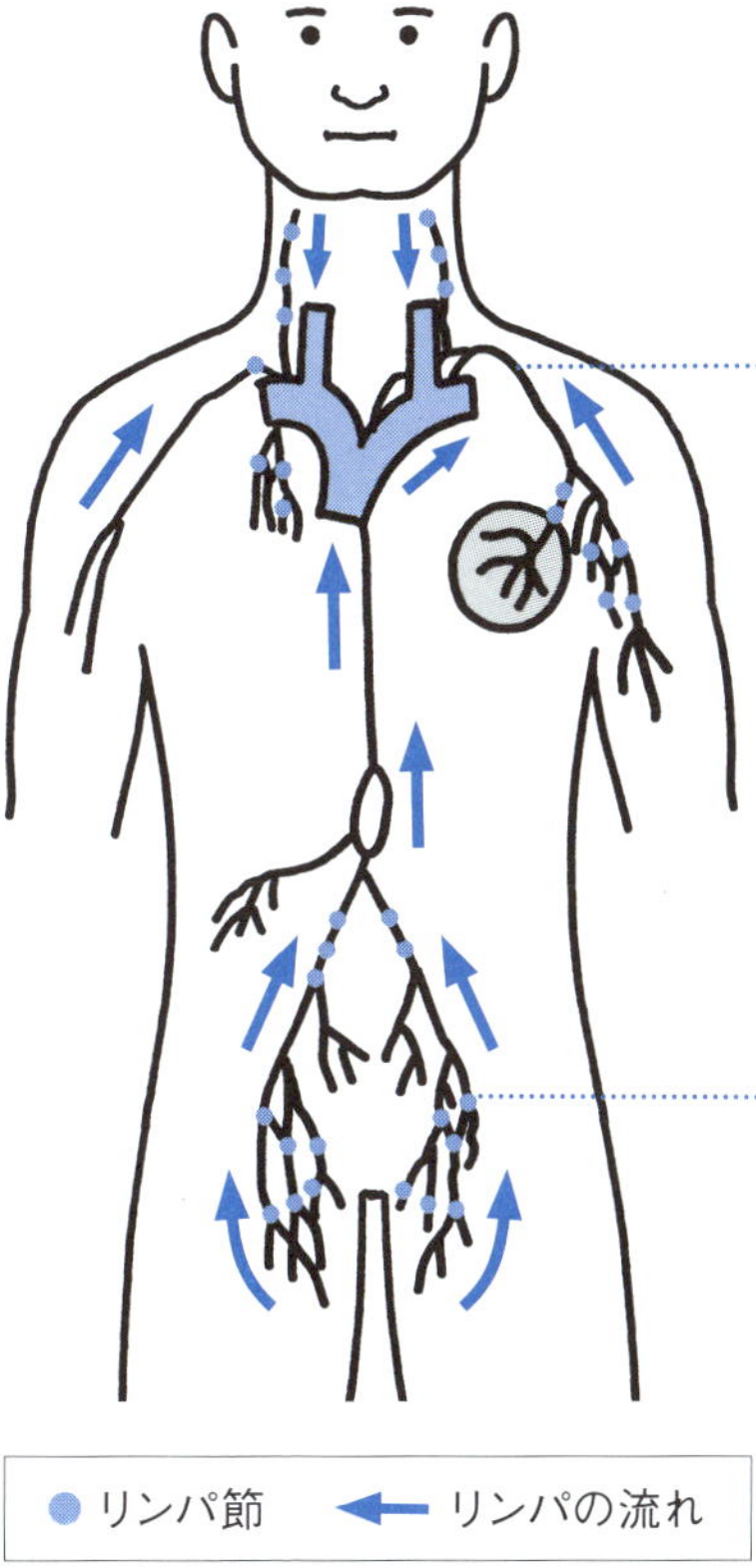

リンパ管
静脈に絡みつくように全身に張り巡らされている

リンパ液
細胞組織でつくられる液体でリンパ細胞、白血球などを含む。リンパ管を通り、全身を巡る

リンパ節
異物をろ過するフィルターのような役割を担う。全身に分布し、頸部、腋窩部《えきかぶ》、腹部、骨盤部、鼠径部《そけいぶ》などに集中している

リンパ液は不要になった老廃物やウイルスなどを回収しながら全身を巡り、鼠径部や腋窩部のリンパ節へ。そこからさらに太い深部リンパ管を通り、鎖骨下の静脈角から静脈に合流する。

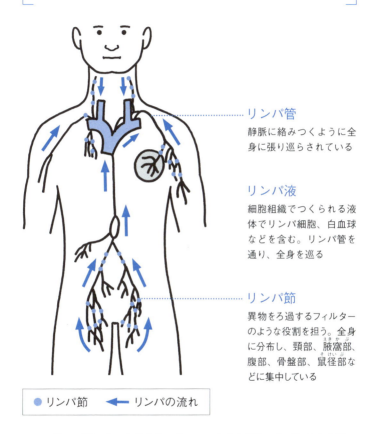

筋ポンプ作用の仕組み

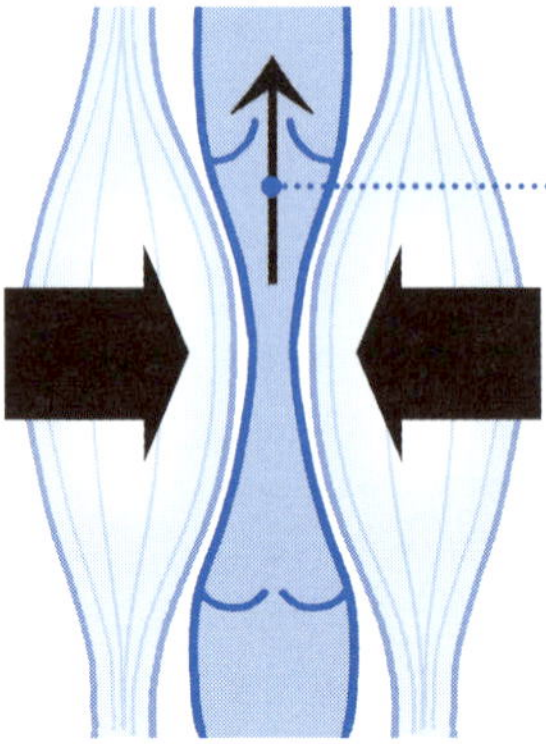

筋ポンプ作用とは筋肉が収縮することで血管を圧迫し、血流やリンパの流れをよくする働き。特にふくらはぎの筋肉には強い筋ポンプ作用があり、そのため「第二の心臓」と呼ばれる。

器系から吸収した栄養素を運び、脂肪の消化・吸収を助ける役割、さらに、血管系が及ばない組織や細胞にも液体を供給し、体内の浄化と免疫機能をサポートしています。

長時間の立ち仕事で脚がむくんでしまうことがありますよね？　これはふくらはぎの筋肉が疲労し、リンパの排出の滞りが原因となっていることが多いです。血液には心臓というポンプがあるので、全身に巡らせ、再び心臓に戻すことができますが、リンパには心臓のようなポンプがありません。

その代わりとなるのが筋肉です。**筋**

肉を動かすことで、間接的にリンパの流れを促しています（筋ポンプ作用）。

そのため筋肉が硬いとリンパ管が圧迫を受けたり、筋ポンプ作用が低下したりするので、リンパの流れが悪くなったりします。

また、全身のリンパ液の4分の3は、最終的に左鎖骨下の静脈へと排出されます。そのため、この周辺の組織が固くなっているとリンパの流れは特に低下しやすく、むくみにつながります。

このように、血流とリンパは互いに補完しあい、体内の機能を維持するため不可欠な役割を果たしています。

▼筋肉疲労で関節がずれることもある

もう一つ、筋肉疲労によって起こる症状があります。実は筋肉が固まることで、関節がずれてしまうのです。

筋肉が硬直すると、関節の可動域が制限されます。さらに、筋肉が関節にかける力が不均衡になりやすく、これが**関節のアライメント（位置関係）に影響を与え、関節の不安定性や不正確な位置関係を引き起こす**ことがあるのです。

とはいえ、脱臼のような大きなずれではありません。自覚できないような、ほんの小さなずれですが、関節の位置関係が崩れると、その周辺の血管が圧迫されやすくなります。

特に大きな関節や姿勢の影響を受けやすい部位では、血管が狭窄《きょうさく》しやすくなり、血流が制限されがちです。たとえば、腰椎《ようつい》（腰の部分）の位置関係が崩れると、骨盤内の血管や脚への血流が低下する、といったようにです。

このような関節のずれもまた血流不良を引き起こし、疲労の蓄積へとつながっていきます。

よって、**関節のずれはスポーツの動きにおいて、力の伝達を妨げる原因**になります。

たとえば、シーズンの後半にピッチャーが下半身に疲労が蓄積し、わずかな関節のずれが生じたとします。すると、下半身で大きな力を生み出しづらくなり、それを補う形で上半身や腕に力みが起こり、パフォーマンスが低下したりするのです。

そのため、リカバリートレーニングでは、関節の位置を整える種目も行います。

ピッチャーがよいボールを投げられる理由

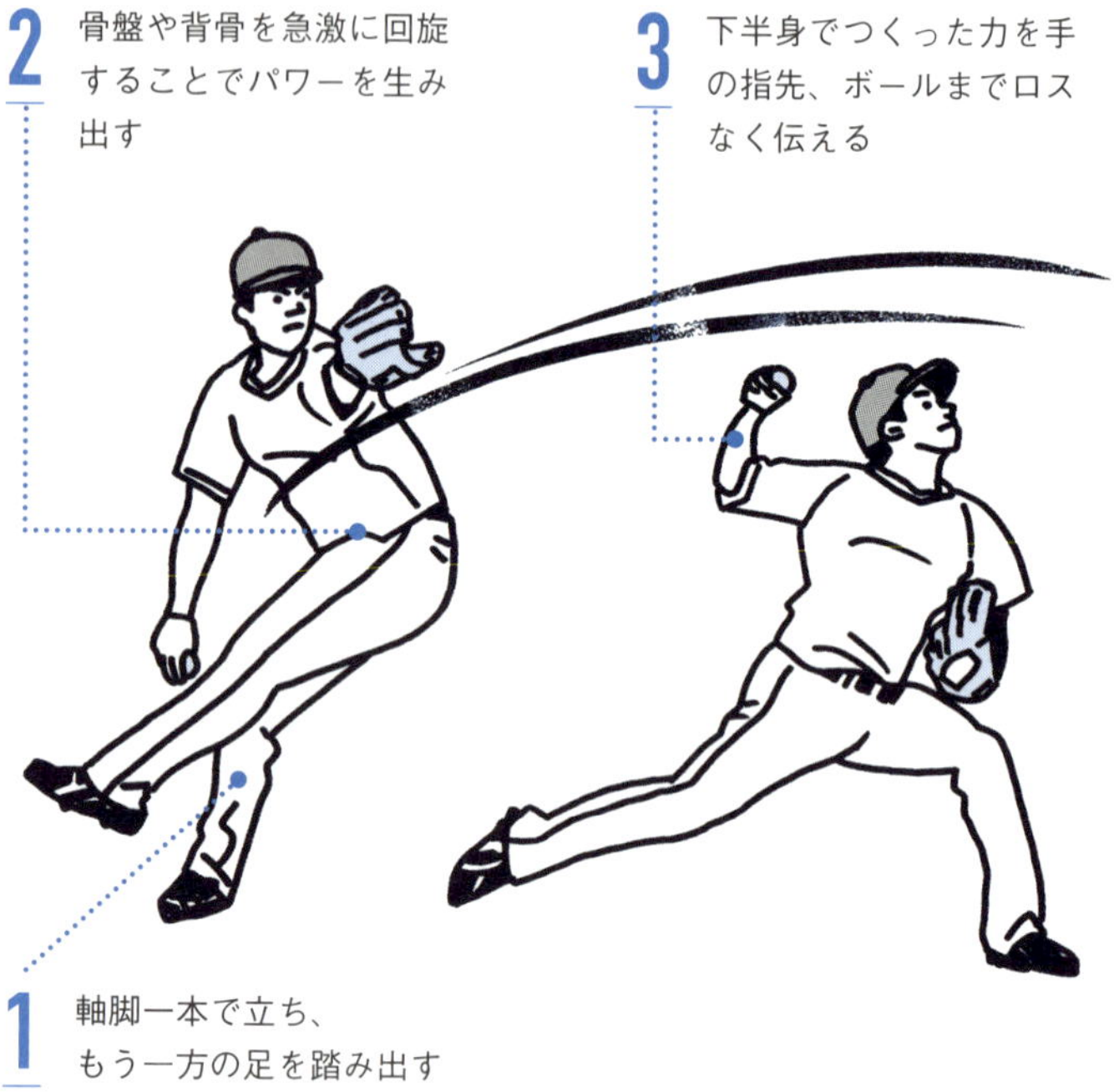
2 骨盤や背骨を急激に回旋することでパワーを生み出す
3 下半身でつくった力を手の指先、ボールまでロスなく伝える
1 軸脚一本で立ち、もう一方の足を踏み出す

よって…

関節にずれがあると、力がうまく伝達しない

下半身でつくった力が１～３の順で上半身にもれなく伝わってこそピッチャーはよいボールを投げられる。関節のずれはボールのスピードがでなくなる、コントロールが利かなくなるだけでなく、力みが生じて思わぬ故障やケガの原因に。

「固さ」に注目すると疲労が見つかる

回復能力を高めるためには、身体の各部位で起こる、このような悪循環を断ち切る必要があります。極端に言ってしまえば、**毎日の練習後にその日の疲労が完全に回復できていれば大きなケガはしません。**

実際、幼い子どもに肉離れはほぼ起こりませんよね？

「それは筋肉が柔らかいからでは？」と思われた人もいるでしょう。まさにそのとおりです。子どもたちは柔軟な身体を土台とした高い回復能力で、ケガをしない状態を維持しているのです。

回復能力を高めるイメージは、「子どもの頃の柔軟な身体を取り戻す」ことです。

かといって、ストレッチを入念に行って、ベターッと開脚できるような柔軟性があればよいのかというと、そうではありません。子どもが柔らかいのは筋肉や関節だけではなく、**内臓や皮膚など、あらゆる器官が柔らかい**からです。

筋肉疲労に限らず、さまざまな疲労は身体の特定の場所を固くさせることがわかっています。そこでリカバリートレーニングでは、おもに**身体の固さが現れた場所から原因にアプローチし、複合的に全身の深部にある筋肉まで柔らかくすることを目指していきます。**

ちなみにケガをしにくいプロの選手は、とても柔らかい筋肉をしています。

力を抜いているとき、その柔らかさは、「つきたてのお餅のような感触」「脂肪と間違える」と言えるほどです。

疲労回復［能力］が低いと、疲労回復［行為］の効果も下がる

私が「疲労回復能力」に注目する理由は、さらに三つあります。

一つめは、**「疲労回復能力」が高まることで、疲労回復［行為］の効果もアップするため**です。

多くの人が疲労回復のために取り入れているアイシングやサプリメントの摂取などをはじめとする疲労回復［行為］には、疲労回復能力そのものを高める作用はないというのはお伝えしたとおりです。

ですが、疲労回復［行為］自体に意味がないわけではありません。長くスポーツを続けるうえで、少しでも疲労の蓄積を軽減するという意味では不可欠な行為です。

回復行為と回復能力の関係

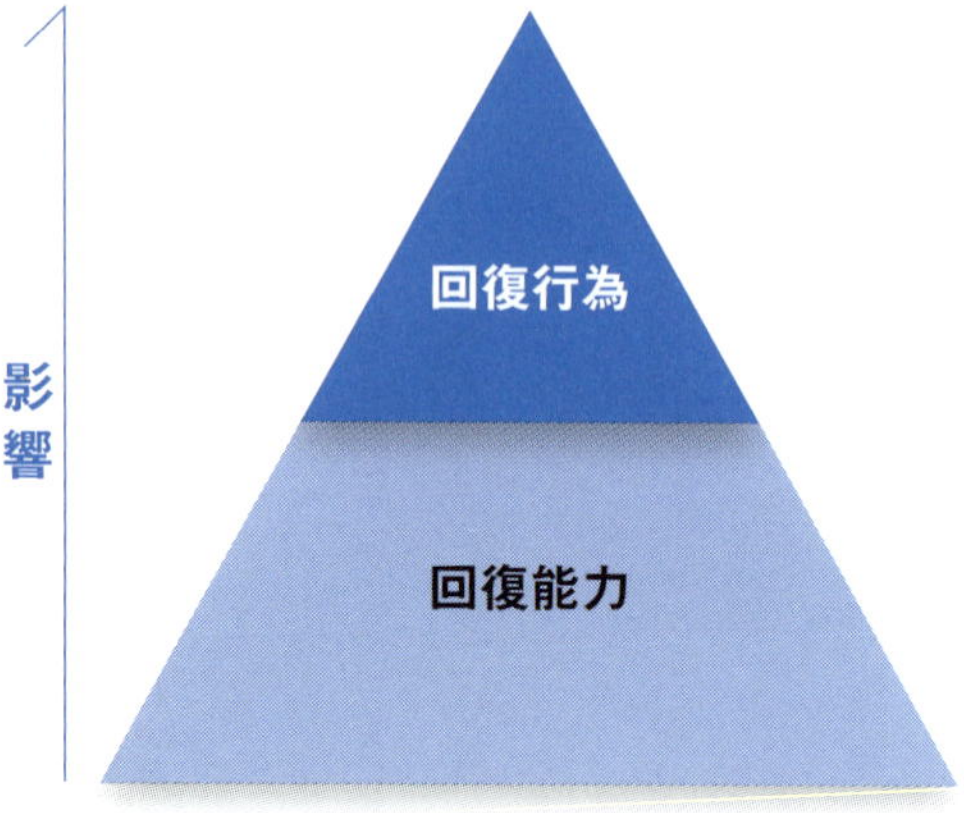

図のように疲労回復の「行為」は、「能力」に下支えされている。よって同じマッサージをしても、「能力」が高いほうが効果は出やすくなる。

さらに大事なことは、回復能力が高まることで、回復行為そのものの効果が向上するという関係性です。これは**同じ回復行為を行った場合、回復能力が低い人より、高い人のほうがよりその効果を得られる**ということ。クーリングダウンなどの回復行為の効果を感じにくい場合、その内容以前に、そもそもの回復能力に問題がある可能性が考えられます。

つまり、「効果がないから……」と回復行為の方法の良し悪しを考えるより、回復能力に目を向けるほうが効率的かつ重要なことなのです。

疲労回復能力は追い込み型トレーニングの成果をも左右する

二つめは、「疲労回復能力」が高まることで、**追い込み型のトレーニングの効果を格段にアップさせることができる**ためです。

みなさんは「身体能力」と聞くと、どのようなものをイメージしますか？

おそらくパワーやスピード、バランス、そしてそれらの基礎となる筋力や柔軟性などをイメージされたのではないでしょうか。もちろんそれらは身体能力の一部であり、パフォーマンスを向上し、試合で発揮するためには欠かせないものです。

しかし、身体能力を「パフォーマンスを発揮するための基礎となるもの」と位置づけた場合、そこに回復能力を加えておかなければ不十分だと私は考えています。ご存じのとおり、疲労はパフォーマンスの発揮にマイナスの影響を与えるからです。

さらに、パワーやスピードといった身体能力を高める場合、トレーニングや練習で脳や身体がヘトヘトになるまで鍛える必要があります。私たちの身体は**限界まで追い込まれることではじめて、さらなる成長と適応を遂げる**からです。

脳（神経を含む）については、トレーニングで神経系に強い刺激を与えることで神経の伝達速度が向上します。

特に、サッカーやラグビーといった戦術や判断の重要度が高い競技においては、練習そのものが脳疲労の原因となります。このことはハイレベルを目指す人にとっては、もはや避けられないことです。

追い込み型のトレーニングを行う際、回復能力が低いと疲労が徐々に蓄積する傾向が高まります。つまり、**回復能力が高いことで十分なトレーニング量の確保ができ、パフォーマンスを高めることができる**という相関関係になっているのです。

このことからも、回復能力は高いパフォーマンスを発揮するために必要な条件となるもの＝身体能力であると言えるのです。

そもそも「体力」とはどういうものか?

私が「疲労回復能力」を重要視する三つめの理由は、疲労回復能力が「体力」を構成する要素の一つだからです。

スポーツの世界はもちろん、一般的にも体力は非常に重要なものとして認識されていると思います。ですが、その意味するところはとても抽象的で曖昧です。曖昧なままでは的確なトレーニングに結びつけることはできません。

そこで私は、「体力」を次のように定義しています。

体力=容量×省エネ性×回復能力

それぞれの用語を解説すると、

体力を構成する三つの要素

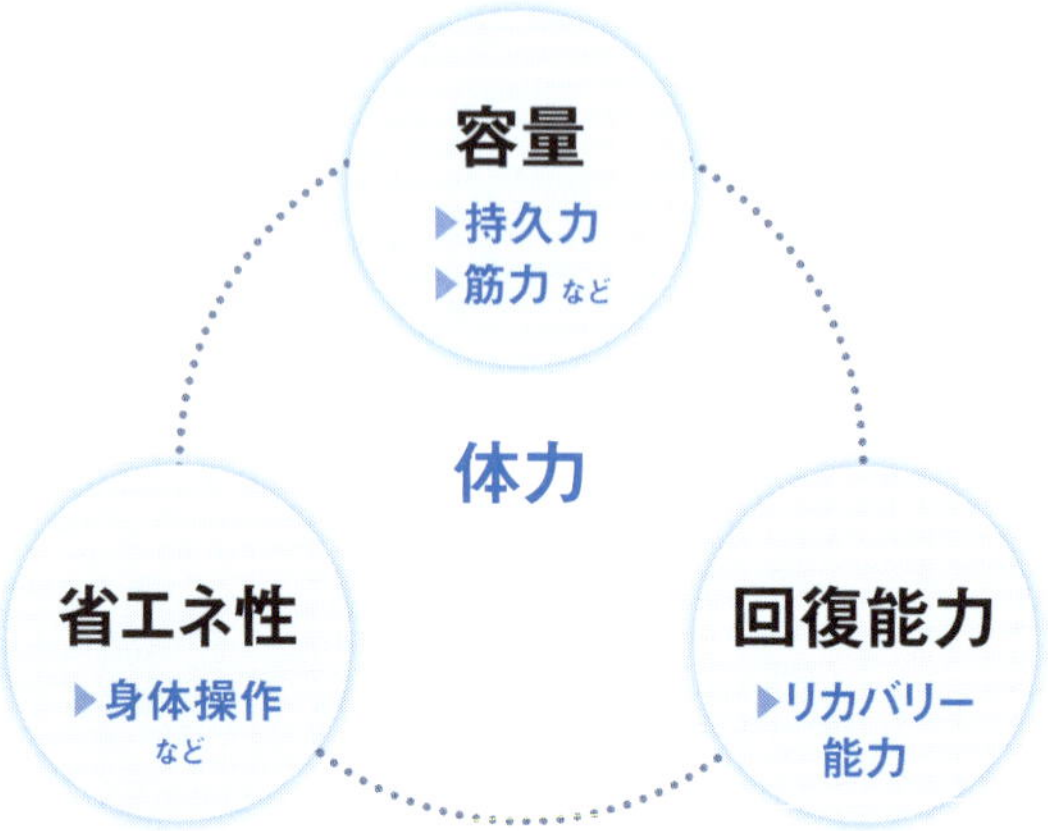

体力があっても燃費の悪い動きをすれば体力のムダ使いとなり、筋肉ほか、身体の各部位がどれだけ早く回復するか（回復力）によって、持久力（容量）にもつながる。体力アップにはどれか一つ欠けても意味がない。

■**容量**＝持久力（心肺機能）やダッシュを繰り返すことができる瞬発系持久力、そもそもの筋力などを指す

■**省エネ性**＝ムダな力みを起こさない、力の伝達効率のよい動き方を指す（身体操作）。「疲れにくい身体」はここに当てはまる

■**回復能力**＝疲労から回復する能力を指す⇒本書のテーマ

この三つをバランスよく整えてこそ体力の底上げができます。よって、リカバリートレーニングは体力

アップに必要な取り組みでもあります。

さらに、この図式を知ることで、体力を高めるために何をどうトレーニングしていけばよいかイメージできると思います。

一流のベテラン選手ほど、疲労回復領域を重視している

私の経験上、プロ選手の中でもベテランと呼ばれる年齢の選手たちは疲労回復の領域――クーリングダウンや日々のストレッチ、栄養補給、睡眠など――を重視する傾向にあります。

なぜなら彼らは疲労とパフォーマンス、そしてケガの間にある影響関係の深さを身をもって理解しているからです。

そして、**的確にケアすることで疲労は少しでも解消できること、鍛えることと同じぐらい疲労回復することが重要**であることを知っています。

だからこそ、ベテランと呼ばれる年齢まで選手でいることができるのです。

若いうちはこの重要性を理解できないかもしれません。なぜなら、そもそも疲れにくく、疲労回復能力が高いからです。

現在のあなたと数年前のあなた――たとえば子どもや学生のときとでは、どちらのほうが疲れがとれやすかったですか？

多くの人が後者ですよね。

しかし、誰であっても、年齢を重ねるにつれて必ず疲労からの回復能力は低下していきます。そして、**知らないうちに、本当に少しずつ疲労は蓄積します。**

それゆえ、回復能力は鍛えなければならないし、鍛えなければ向上しません。

とはいえ、筋骨隆々になることを意味するものではなく、**それぞれの器官（筋肉、皮膚、神経、内臓）がそれぞれの役割に応じた、高い機能を保持した状態になるように鍛えます。**

これこそがリカバリートレーニングであり、そのためのリカバリースキルは身体の機能を広範囲にわたって高めるものとも言えるのです。

疲れがとれにくくなったり、ケガを繰り返すようになったりしてから疲労回復能力を高めるのは大変です。時間もかかります。

ですから、疲れにくい、または疲れてもすぐ回復できる状態の時期にこそ、ふだんのトレーニングに取り入れておきましょう。

シュート練習やウエイトトレーニングなど、攻めのトレーニングと同じぐらい重要な位置づけとしてとらえてもらいたいです。

もちろん、すでに疲労がとれにくい人、疲労が蓄積している人、そんな人でも粘り強くリカバリートレーニングを積み重ねれば、身体にはよい変化が起こります。

何歳からでも身体は変わります。身体が変われば動きや感覚が変わります。それらの変化はパフォーマンスにも必ずよい影響を与えます。

リカバリースキルは、競技レベル、年齢、競技を問わず、どのような人にも有効です。疲労回復能力という〝身体能力〟を高めるために役に立ってくれるはずです。

COLUMN

アスリートは〝疲れにくい身体〟だけを目指してはいけない

「疲れにくい身体を手に入れよう」といったフレーズをよく目にします。実は「疲れにくい身体」を目指すことと、「回復能力の高い身体」を目指すことは似て非なるもの。その違いを解説しましょう。

そもそも一般的な「疲れにくい身体づくり」で語られる方法論――たとえば、「柔軟性を高めることで疲れにくい身体になれる」「アミノ酸を摂取することで代謝がアップし、疲れにくくなる」――などはいずれも回復行為です。

本来「疲れにくい」という場合、疲れないような動き=省エネができていることを指します。余分な力みを使わずに大きなパワーやスピードが発揮できるなど、効率的な動きができている場合です。

ただし、「疲れない身体」を目指すマインドは、無意識に「疲れることを避ける」ことにもつながりがちです。

これは疲れにくい身体を手に入れたいがために陥りやすい問題なのですが、「疲れないように」という意識はどこかで「疲れてはいけない」という意識を働かせてしまうのです。

限界まで追い込んでこそ高パフォーマンスが生まれる

パフォーマンスを高めたい場合において、疲れることを避けるのは得策で

COLUMN

はありません。

練習やトレーニングで脳や身体を限界まで追い込むからこそ、身体はその負荷に適応するようになり、パフォーマンスは上がっていきます。

ですので、「疲れにくい身体づくり」というのは、ハイパフォーマンスを求める人が目指す方向性としては少し違和感があります。

それよりも回復能力をどんどん高めることにより、いくら疲れても回復できるという意識を持ったほうが、練習やトレーニングで限界ギリギリまで全力で取り組むことができ、ひいてはパフォーマンスアップにつながります。

もちろん、試合という活動時間や活動範囲が限られている状況下で「疲れにくいこと」は、高いパフォーマンスを発揮するために重要な要素ではあります。しかし、根本的な疲労回復能力の底上げのためにも、ハイパフォーマンスを発揮するためにも、疲れにくい身体づくりだけでは不十分で、回復能力の高い身体づくりを目指す必要があるのです。

第2章

疲労にはおもに4つの種類がある

2

疲労は筋肉だけの問題ではない

本章では、疲労のさまざまな原因について解説していきます。

特に筋肉を酷使したわけではないのに、なんとなく疲れているという状態は、多くの人が経験しているのではないでしょうか。

このことは、**疲労が筋肉だけで起こるわけではないことを意味**しています。

たとえば「食欲がない」「やる気が出ない」なども疲労症状の一つです。筋肉の疲労状態と同じく、やはり高いパフォーマンスは発揮できません。

第1章でおもに筋肉疲労について解説しましたが、疲労の原因はさまざまです。

実は、回復能力を高めるためのターゲットは筋肉だけにとどまりません。呼吸や自律神経、内臓や皮膚など多岐にわたるので、筋肉をケアするだけでは不十分なのです。

本章では、リカバリースキルを高める基礎知識として、疲労の種類について理解を深めてもらいたいと思います。

「疲労」と言うと、多くの人が「疲れた～」といった実感がともなう状態をイメージするかもしれませんが、本書で言う「疲労」はこれに限らず、**身体の部位への自覚していない負荷や酷使の積み重ねも疲労状態**として扱います。

疲労には大きく分けて次の4種類があります。

1　筋肉疲労（第1章を参照）

2　内臓疲労

3　脳疲労

4　精神疲労

▼ふだんの食生活が影響する「内臓疲労」

では、内臓疲労から順番にみていきましょう。

実際のところ、スポーツにおける疲労に内臓疲労や脳疲労が関わっていると言われても、なかなかピンとこないのではないでしょうか。

内臓とは胃と腸のことで、それぞれ次のような働きがあります。

- ■胃　⇓消化
- ■小腸　⇓消化・吸収
- ■肝臓　⇓解毒と糖コントロール
- ■大腸　⇓水分吸収や便の形成と排出

内臓疲労によって、消化・吸収能力が低下すると、疲労回復に必要なだけのエネルギーが摂取できなくなります。このような状態でいくら栄養のあるものを食べても意味がありません。吸収されなければ、栄養として利用できないからです。

点滴で血管に直接栄養を注入することがありますが、これは、体調不良などで内臓の吸収状態が低下しているためです。

原因 消化・吸収による負担

内臓疲労も、実は筋肉疲労と同じく酷使されることで起こります。内臓を酷使するイメージがちょっと湧きにくいかもしれませんね。

そもそも消化・吸収は内臓に負担をかける行為です。**分解・消化・吸収・解毒には多くのエネルギーを必要とします。**

特に、冷たいもの・脂質が多いもの・添加物が多いもの・生ものの摂取、飲酒・服薬は内臓への負担が増えます。あまり噛まずに飲み込むことや、食べすぎ、寝る前の食事も同様です。

内臓の酷使はおもに食べ物の消化・吸収に関わっており、内臓疲労は生活習慣と深く関与しています。そのため食事の見直しなども必要です。

症状 お腹が固まる

内臓疲労はおもに「お腹が固まる」という症状として現れます。

実は胃や小腸・大腸といった内臓は、非常に疲れが溜まりやすい部分です。内臓も筋肉なので、疲労が続くと衰えて薄くなったり、固くなっ

夜遅い時間の食事、暴飲暴食はもちろん、冷たいもの・脂質が多いもの・添加物が多いものなどの消化・吸収は内臓への負担が大きい。

たりします。その結果、消化吸収能力が低下していくのです。

疲労の蓄積や加齢が進むと、ちょっと食べすぎたりすると翌朝まで胃のもたれや不快さを持ちこしてしまい、お腹やみぞおちあたりからくる不快感に苛まれるようになります。これらの不快感も、内臓の筋肉の衰えからくるものです。


「内臓やお腹の固さなんて気にしたことがない」

「パフォーマンスに影響するなんて考えたこともない」


そんな選手は多いですが、実際にお腹の固さを改善することでパフォーマンスが向上するケースは非常に多いです。

「消化・吸収の話とスポーツにおける疲労の回復がどう関係があるの？」と思われるかもしれませんね。私がサポートしているプロ選手の例を紹介しましょう。

ケース

プロ野球選手（ピッチャー）

その選手は、毎シーズン後半（8月末）になるにつれパフォーマンスが低下していました。特に股関節のコントロールが低下しており、それにより下半身でうまく力を生み出せずにいました。

通常、ピッチャーはボールを投げるとき、体重移動と股関節を使って骨盤を急回旋し、上半身へとエネルギーを伝えることで、腕を強烈なスピードで振っています。

しかし、股関節のコントロールが低下していたため、それを補う形で上半身が力んでしまい、しなやかな腕の振りができなくなっているという状態でした。毎日念入りにストレッチを行っている選手なので、柔軟性など筋肉には大きな疲労症状は見られませんでしたが、お腹の固さが生じていました。

理由としては度重なる遠征などにより、どうしても食事時間が不規則になったり、外食が増えたりすること。さらに、自律神経の問題も影響している可能性が考えられました。

こういったケースでは、通常の股関節コントロールのトレーニングでは問題がなかなか改善されないことがあります。そのため、お腹の固さを先に改善したうえで、これまでと同じトレーニングを行った結果、股関節のコントロールを改善、パフォーマンスもよい状態に戻すことができました。

最終的に9月以降の防御率は0・38（4試合26イニング）と好成績を残すことができました。

お腹の固さと体幹の強さは相関関係にある？

本書を読んでいるみなさんの中には、お腹が固いのは体幹が強い感じがするし、よいことのように思う人もいるかもしれません。

しかしお腹が固くなることは、明らかに疲労症状です。**腹圧が使えなくなるので体幹が不安定になり、それを補う形で腰が過剰に固まって、痛めやすい状態**になります。

これではパフォーマンスや回復能力に大きなマイナス影響がでます。

腹圧とは腹腔内部にかかる圧力のことですが、重いものを持ち上げたりするなど、大きな力を出すときにこの圧力が背骨（腰椎）を保護したり、力をうまく伝達したりする役割を担っています。

お腹が柔らかければ、横隔膜《おうかくまく》や腹横筋《ふくおうきん》（助骨と骨盤の間にある筋肉）、骨盤底筋群（骨盤の底に位置する筋肉の集合体）、多裂筋《たれつきん》（背骨のすぐ横を縦に走る筋肉）などを働かせやすくなり、筋肉に頼らずともコルセットのように体幹を安定させることが可能です。

また、**お腹が固いことの最大のデメリットは、「横隔膜」の動きが妨げられる**ことです。呼吸が浅くなるほか、横隔膜による内臓マッサージ作用が働かなくなることで、さらにお腹の固さは改善しにくくなります（横隔膜は身体を深部から柔らかく保つうえで、もっとも大切な部位の一つです。リカバリースキルにおいても非常に重要なので、第3章でより詳しく解説します）。

さらに、**内臓を包む膜である「腹膜」も固めます。腹膜は腰椎や骨盤にもくっついているので、姿勢や動きに影響を与えます。**

このように、お腹が固くていいことは一つもありません。

実際、トップアスリートのお腹を触ると、奥までお餅みたいに柔らかく、多少疲労して固くなってもすぐに柔らかさを取り戻します。

ぜひ、シックスパックだけではなく、お腹のもっと奥の状態にも関心を持つようにしてみてください。

練習やトレーニング前に、次の2点を確認することを習慣づけましょう。

- **お腹を奥深くまで指で押し込んで、固さや痛みがないか**
- **呼吸の深さはどうか（深いほどお腹と腰が膨らむ）**

リカバリートレーニングでは、**おもにお腹の固さを取り除き、横隔膜の動きを正常化させることからはじめます**。それにより内臓疲労を改善するほか、循環も向上させます。

戦術が複雑になるほど「脳疲労」が増える

スポーツをするとき、実は脳も疲労しています。

おもに前頭前野（意思決定や自己制御、問題解決などの高度な認知機能を担当する領域）が該当しますが、このときに使われる脳の回路を専門用語でＣＥＮ（セントラル・エグゼクティブ・ネットワーク）と言います。この回路が活発に働く状況が続くことでも脳は疲労します。

近年、サッカーをはじめスポーツの戦術は複雑化と高速化が進み、ふだんの練習においても複雑な戦術を理解し、実行することが重要な割合になっています。

練習内容によっては、筋肉系疲労よりも脳系疲労が大きいケースも考えられます。

そのような環境にある人は特に注意が必要です。

私が経験した脳系疲労のエピソードを一つ紹介しましょう。

　あるプロサッカーチームが新しい戦術を導入し、その練習をしはじめたときのことです。ふだんの練習よりも、考えることや瞬時に判断が要求される場面が明らかに増えていました。

　トレーニングをやりはじめた当初は、30分もすると顔が紅潮して表情がぼんやりし、「頭がボーッとする」と訴える選手もいたほど。**身体的な運動量としてはむしろふだんよりも少ないにもかかわらず、練習の終盤**

複雑な戦術の理解は脳への負担が大きい。慣れないうちは脳疲労により判断力などが鈍り、ボーッとしてしまうこともよくある。

に向けて選手たちの動きは徐々に鈍くなり、判断は遅れ、正確性も失われていったのです。その後、戦術に慣れ、余裕が出てくるとそういった症状はまったく出なくなりました。

そもそもスポーツで結果を出すには、頭を使わなければ勝てません。想像以上に脳は疲れているのです。

脳疲労は筋肉や内臓の疲労に比べ、よりさまざまな理由で起こります。ここですべて説明するのはやや無理がありますので、代表的なものを三つに絞って紹介しますが、これだけでも脳の疲労は改善していきます。

原因1 DMNが働きすぎる

脳のすべての疲れやストレスは、過去や未来への意識から生まれます。

みなさんはDMN（デフォルト・モード・ネットワーク）をご存じですか？

専門的には「無意識に近い状態で、記憶や経験に準じてオートマチックに情報処理や指示出しをする」と説明されますが、シンプルに脳の自動操縦のことだと理解しておいてください。

自動操縦とは、どれだけボーッとしているときでも、さまざまな雑念が浮かんでくることを指します。特に何かを考えようとしていないのに、勝手に頭の中で考えごとがはじまってしまう経験は誰しもあると思います。これが、DMNが働いている状態です。

脳は身体が消費する全エネルギーの約20％を使います。そのうちDMNのエネルギー消費量は、脳の全エネルギー消費の60〜80％を占めるとも言われています。よって積極的に脳を使っていなくても、DMNが過剰に働き続ける限り、脳はどんどん疲れていきます。

さらに、自動操縦以外にも過剰に働く場面があります。それは不安や悩みに心を奪われているときです。すでに終わったことを気に病んでいたり、これから起こることを不安に思ったりするときに、DMNは過剰に活動します。

「あのとき、ああしていればよかった」

「来週の試合でうまく結果が残せるだろうか……」

ネガティブな思考の反復、いわゆる反芻思考のクセも、DMNの使いすぎと関連しており、脳の疲労に直結します。つまりクヨクヨと思い悩む人ほど脳のエネルギーを浪費し、脳疲労を起こしやすいということです。

原因2 目や耳からのストレス

脳の疲労は、目や耳や鼻など、五感から入る情報に起因することも多いです。特に目からの情報は、脳疲労の大きな割合を占めています。このことは多くの人が実感していることでしょう。

SNSや動画配信サービス、そしてオンラインゲームなど、数えきれないほどの情報が、スマートフォンなどを通して私たちの目に飛び込んできます。それらが切り替わる速さはどんどん増しており、画面をスクロールする速さも相当速くなっています。

膨大かつ目まぐるしく変化する視覚情報にさらされる日々は、脳疲労の蓄積を引き起こします。また、**目の酷使は動体視力の低下につながる**という観点からも、目の状態に配慮することはとても重要です。

同様に、耳や鼻からの情報も脳疲労につながるので、使うときと使わないとき（休めるとき）の取捨選択が必要になります。

視覚が原因となる脳疲労はパフォーマンスへの影響が大きく、試合の前日はスマートフォンに触れないようにしているプロ野球選手もいるぐらいです。しかし、情報源をシャットアウトするだけでは回復能力を改善するには不十分なので、目や耳のリカバリートレーニングも行います。

原因3 不良姿勢で血流低下

姿勢が悪いために、脳の疲労が進むことがあります。たとえば不良姿勢、いわゆる猫背であごを前に出した姿勢が典型的です。この姿勢は首が圧迫されるので、血流を妨げます。

血流が低下すると新陳代謝が低下し、本来、短期間で分解・排出されるアミロイドβ（脳内でつくられるたんぱく質の一種）などのさまざまな老廃物や疲労物質が溜まります。その結果、脳の疲労が進み、脳機能が低下していきます。

特にストレートネックなどの首の歪みや肩周りの緊張は、姿勢や動作という直接的な影響だけでなく、このような脳の疲労による間接的な影響を生むので、なるべく早急に改善する必要があります。

脳疲労は身体のどこを固くするのか

脳が疲労したときの症状としてはボーッとしてしまうなどが代表的ですが、怒りっぽくなってしまうケースも多いです。

ふだんなら笑って見過ごせるようなことにも怒ってしまうことがあれば、脳疲労を疑ってください。前頭前野と呼ばれる、感情のコントロールを担う領域が疲労して機能低下すること、感情の安定を担うセロトニンという物質の分泌が減少することがおもな原因として考えられています。

脳疲労が起こると、思考力が低下する、やる気が出ない、頭が重たい、ぼんやりする、うっかりミスが増えるなど、パフォーマンスの発揮やトレーニングの質に直結するような症状が起こります。

おもに**後頭部と側頭部、さらに頭部の皮膚も固くなる**ので、皮膚をつまんでみて痛みがあったり、そもそもつまめないぐらいに頭皮が固かったりする場合は要注意です。特に**五感からくる脳疲労の場合は、眼球や耳が固くなる**という症状に現れます。

リカバリートレーニングでは、後頭部と側頭部、頭皮全般の固さを取り除くほか、眼球や耳をほぐすトレーニングも行います。

メンタルからくる「精神疲労」の実態

脳の疲労とよく似ていますが、精神系の疲労もスポーツシーンで非常に起こりやすく、選手たちが直面する重要な課題の一つです。特にプロ選手にとっては重大な問題になり得ます。

原因1 過度のプレッシャー

例を挙げてみましょう。

プロ選手は試合ごと、あるいはシーズンごとに成績を評価され、それが年棒、つまり収入に反映されます。うまくいけば富と名声が得られる華やかな世界である一方で、ケガや成績不振が続けば仕事を失ってしまうのも現実です。

当然、試合ごとのプレッシャーはとてつもなく大きく、精神的な問題、もしくはそれに近い状態にある選手はたくさんいます。

さらにメディアやファンからの期待など、さまざまな要因が選手たちの精神的な負担を引き起こし、それが続いてしまうと精神系の疲労が蓄積されていきます。

プロ選手に限らず、スポーツに本格的に取り組んでいる人であれば、「次の試合に勝たなければ全国大会に進めない」「このタイムを切らなければ予選落ちしてしまう」などというプレッシャーがあるはずです。

このようなとき過度なプレッシャーがかかり、精神的な疲労につながります。

精神疲労の影響は心理面だけにとどまらず、身体や動きにも反映されていきます。

症状の一例を挙げると、まず**胸椎《きょうつい》（背骨の一部）が固くなります**。**交感神経の多くは胸椎から出ており、疲労があると神経の出口や自律神経節など、自律神経が関与する部位が固くなる傾向がある**のです。

それにより、背骨全体の動きだけでなく、肩甲骨の動きも低下するので、姿勢や動きのバランスが崩れます。

それがなぜ精神疲労につながるかというと、バランスが崩れた状態での「動きにくさ」や「違和感」が感知されるため。いわば、**気持ちよく動けるという状態と逆のストレスを感じる状態**です。

これは精神面の問題が身体に影響を及ぼして調子を落とす、代表的なパターンです。

日本代表として国際大会に出場した選手の例ですが、大会後の身体の状態は特に胸椎が固くなっていることが多いです。それも複数の選手が同じように固くなります。

代表戦後に調子を崩したり、ケガをしてしまったりするケースが多いですが、胸椎の固さが残ってしまった影響も少なくないと感じています（お腹の固さによる影響も多いです）。

そのほか、寝つけない、何度も目が覚める、イライラする、不安や怒り、自信の喪失、うつ症状などがあります。チームメイトやスタッフだけでなく、家族、職場、恋人、友人との関係がうまくいっていないときにも、精神系の疲労は蓄積していきます。

こういった問題は、自分だけで解決できない性質であることも多く、表面化しにくいという特徴もあります。

原因2 自律神経の疲労

精神系の疲労の症状には自律神経が深く関わっています。

自律神経とは、身体の自動的な制御システムです。心身の状態や環境に合わせて、多くの身体機能を自動調整しています。

自律神経には、交感神経と副交感神経があることをご存じの方も多いでしょう。それぞれ次のような働きをしています。

- **交感神経　：心身が興奮・緊張する状態を自動的につくる。興奮やストレス状態で活発になる**
- **副交感神経：心身が休息・回復のための状態を自動的につくる。食事や睡眠時に活**

発になる

精神系の疲労状態に陥っているとき、自律神経も疲労状態にあります。**自律神経の疲労状態とは、交感神経と副交感神経の切り替えがうまくできない状態**です。

眠れないなどの症状は、精神疲労の典型例です。ただし、スポーツの場合は悩みがあって眠れないというケースより、**試合後の興奮状態が続いてしまうことで眠りを妨げる**ことが多いです。

眠るときには休息モード、つまり副交感神経が優位にならなければならないのに、交感神経が活発に働いてしまうのです。

この切り替えがうまくいかないと、「興奮して眠れない」ということが起こります。試合後に寝られないのは、肉体的にはそこまで深刻ではありませんが（翌日がオフであることも多いので）、何時間も眠ることができないことは精神的にはきつく、自律神経の疲労を増大させることが考えられます。

原因3

ホメオスタシスの低下

自律神経の中枢（コントロール役）は、脳幹の一部である間脳の視床下部という部位です。よって厳密には、脳疲労の一部だと言えます。

ただし脳疲労と精神疲労は、症状は重なる部分は多いものの、原因が異なることが多いため、回復という観点では分けて扱うほうがいいと判断しています。

自律神経も含む話ですが、私たちの身体には疲労が生じても通常の状態になんとか戻そうとする作用があります。これを専門用語で「ホメオスタシス」と言います。

これは、**さまざまな環境変化や心身へのストレスから身体を守るために重要な作用である一方、脳（特に脳幹）に大きな負荷をかけます**。

疲労自体が脳幹のハードな働きを要求し、さらに脳疲労を引き起こすためです。

脳幹が酷使され、疲労して働きが低下すると、ホメオスタシスが低下します。全身の疲労が回復しにくく、疲労が蓄積されていく状態に陥ります。

症状

胸骨や胸椎、後頭部などが固まる

こうした精神疲労による悪循環の背景には、交感神経が働きっぱなしになっている状態があります。

先ほど説明したように、交感神経が働きっぱなしの状態が続くと、胸骨や胸椎、後頭部、そしてお腹が固まるなど身体に症状が現れます。問題は、**これらの部位が一度固まってしまうと、スムーズに自律神経の切り替えができる状態に戻すのが大変**なことです。そうならないように、ふだんから胸骨や胸椎、後頭部、そしてお腹を固まりにくくする必要があります。

また、固まったことをすぐ感知できるようにするなど、回復能力が高まる身体づくりが不可欠です。交感神経メインの状態を、副交感神経メインの状態へと切り替えられる身体になっていけば、回復能力は向上します。

▼「固さ」を探ることで、効率的に回復できる

これまで解説してきた4つの疲労ははっきり分けられるものではなく、互いに影響し合います。内臓疲労によって筋肉疲労が引き起こされることもあれば、それが脳疲労や精神疲労につながることもあります。

一つの症状に複数の疲労が関わっていることもあり、こういった現象を「疲労のリンク」と呼びます（81ページの図参照）。

すべてつながり、すべて影響し合っている。

それを前提として、自分に起きている疲労の性質を分析していく必要があります。

疲労のリンクの例を一つ紹介しましょう。82ページの図を見てください。図のよう

おもな4つの疲労はリンクしている

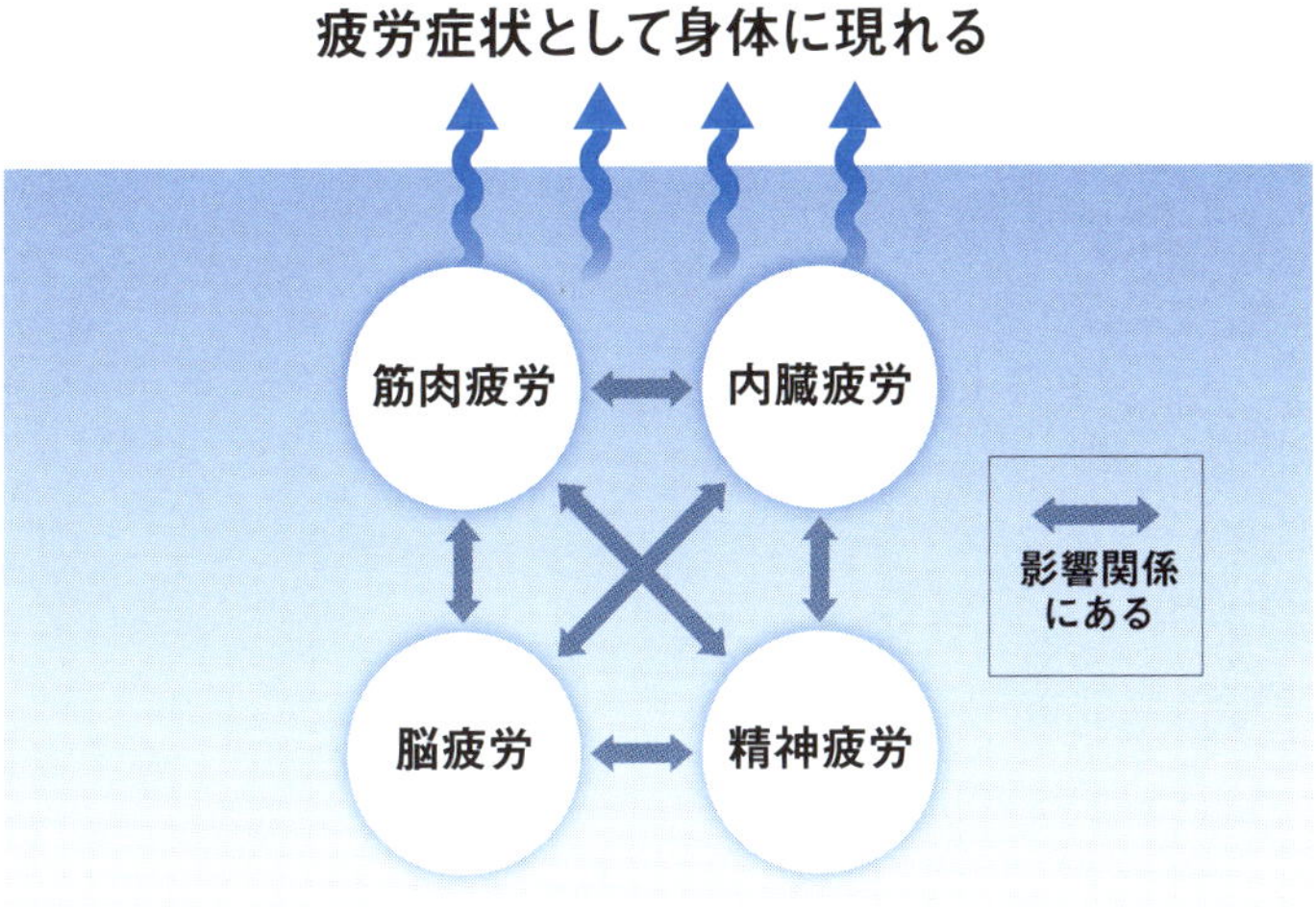

疲労の原因は一つではなく、さまざまな要素が絡み合う。「筋肉が疲れている＝筋肉に原因がある」と言えないところに疲労の複雑さがある。

に、ある疲労症状が二次的・三次的にほかの疲労を引き起こしたりするのが疲労のリンクです。

こういった影響関係を理解しておかないと、「自分は内臓疲労が多そうだから食事だけ気をつけよう」とか、「筋肉疲労がとれないからマッサージを受けよう」といった行動になってしまい、疲労回復がうまくいきません。

疲れていると感じたときに単一の原因であることはまずないと思うほうが、解決が早くなります。

たとえばお腹が固い場合…

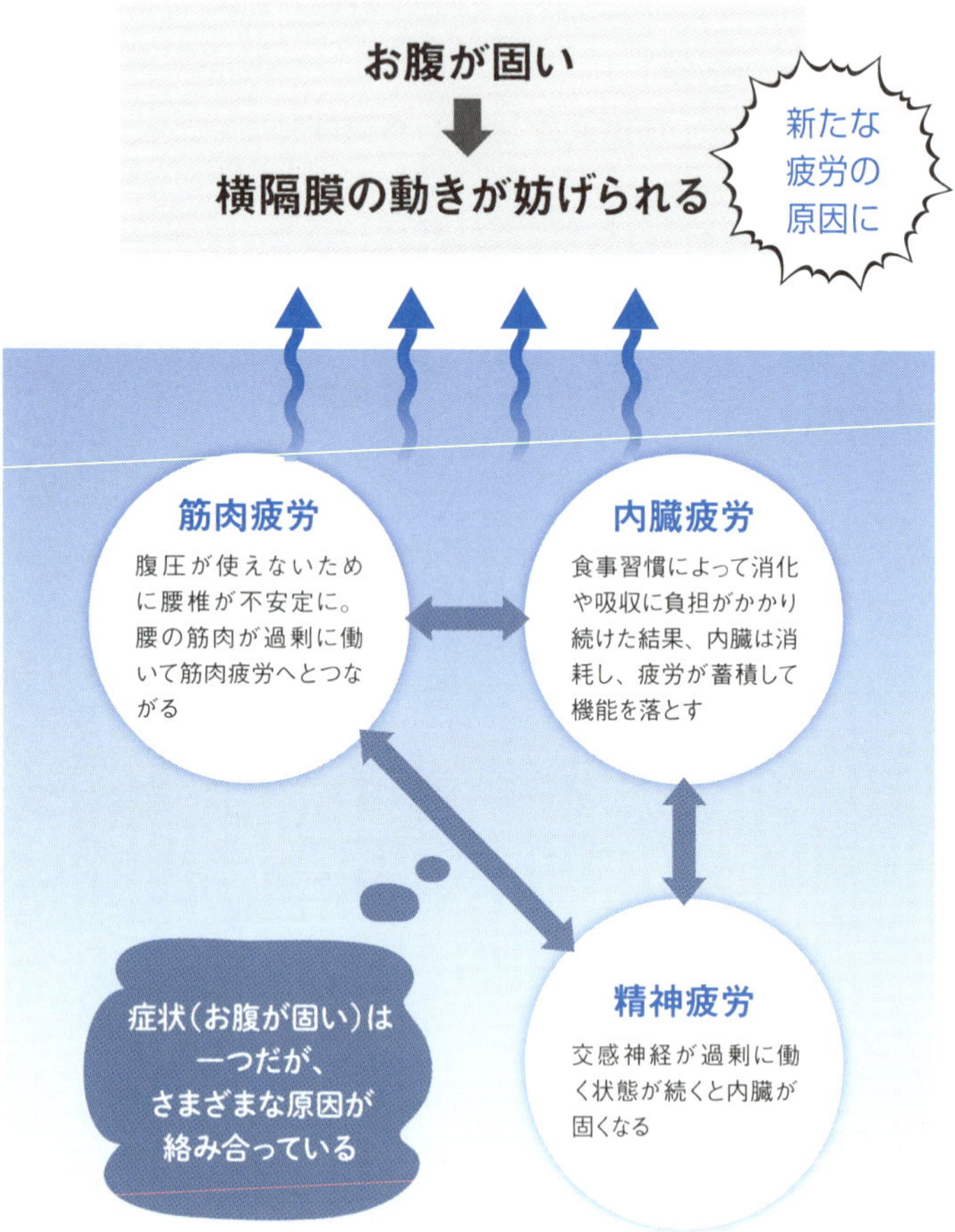

このように疲労の原因は複雑ですが、身体のある部位をみることで判断しやすくなります。

いずれの疲労も、次のように身体の特定の部分が固くなるという症状が現れます。リカバリートレーニングではこの特徴を活用していきます。

- **筋肉疲労　⇓ふくらはぎを中心に下半身全般**※
- **内臓疲労　⇓お腹**
- **脳疲労　⇓後頭部や側頭部、目や耳**
- **精神疲労　⇓胸骨や胸椎、お腹（腹腔神経節）**

このような固くなる部分にフォーカスし、疲労を改善するとともに疲労回復能力を高めていきます。

※筋肉系は運動で酷使した部分がダイレクトに疲労するので、限定することがむずかしいですが、全身の状態を反映するという観点でふくらはぎをメインとしています。

COLUMN

「乳酸が溜まる」「足が攣《つ》る」よくある疲労現象をひも解いてみよう

よい機会なので、スポーツ中によく起こるとされる疲労現象について も、少し解説したいと思います。それぞれ、体内で何が起こっているのかひも解いてみましょう。

■乳酸が溜まる

乳酸は、激しい運動や無酸素運動（酸素不足の状態での運動）時に筋肉内で生成される物質です。

体内の糖分は酸素を使ってエネルギーに変換されますが、酸素が不足していると、エネルギー生成の過程で乳酸が生成されます。高強度の運動では筋肉が大量の酸素を必要とするので、酸素供給が需要に追いつかないと、一時的に筋肉内で酸素不足が生じることがあるのです。

ただし、疲労の直接的な原因ではありません。

通常、乳酸自体はエネルギー源としても利用されるのですが、過剰に蓄積されると筋肉内のpHが低下、つまり酸性化して酵素の働きを阻害し、筋肉の収縮機能に影響を与えます。

ちなみに「疲労物質」という言葉を聞いたことはありますか？　これはいくつかの特定の物質を指す総称で、おもに無機リン酸やアンモニア、活性酸素種などを指します。

[redacted]

■足などが攣る

「攣る」とは筋肉の収縮が異常に持続し、正常に弛緩できない状態を指します。

　知らないうちに筋力が衰えた高齢者や運動不足で筋力の低い人が、いきなり激しい運動をしたときに起こりやすい現象です。

　もちろん疲労とも関係があり、筋肉に過剰な負荷がかかれば若い人でも攣ることがあります。

　疲労した筋肉は神経信号の伝達が正常に行われなくなることがあるので、これが筋肉の痙攣《けいれん》（攣る）を引き起こすことがあります。

　また、脱水状態など体内の電解質（特にカリウム、ナトリウム、カルシウム、マグネシウム）のバランスが崩れることでも引き起こされます。

第3章

リカバリートレーニングと「重点ターゲット」

3

リカバリートレーニングは回復の「スピード」と「度合い」を高める

さて、本章からいよいよリカバリートレーニングの実践に入っていきます。

第2章で、疲労にはおもに①筋肉疲労、②内臓疲労、③脳疲労、④精神疲労、の4種類があるとお伝えしました。

このように列記すると、「それぞれの疲労に対して数種類のトレーニングをしなければいけないのだろうか？」と思うかもしれませんが、大丈夫です。

疲労が現れやすい部位は多くが重複していますので、そこを集中的にトレーニングすることにより、総合的に疲労回復能力を高めることができます。

あらためてお伝えしますが、「リカバリートレーニング」で行うトレーニングは、疲労を「回復」することが目的ではありません。疲労を「回復する能力」を高めるためのもの、つまり**回復スピードと回復度合いを高めるトレーニング**です。そのため、

■**その日の疲れがとれたら終わりではない**
■**疲れていなくても行ったほうがよい**

このことを覚えておきましょう。

また、回復能力が高まることで、結果的に「疲労を溜めにくくする」「疲れにくい身体づくりができる」という側面もあります（疲れにくさと回復力の高さは似ているようで違うことは、第1章のコラムでお話ししたとおりです。51ページを参照してください）。

目指すのは内臓まで柔らかい身体

回復能力の高い身体をひと言で表すと、**「身体の深部まで常に柔らかく（固まりにくく）、循環（血液とリンパの流れ）がよい状態」**です。

リカバリートレーニングのゴールは、このような身体づくりにあると思ってください。

先にお伝えしたように、「柔らかい」といっても、単に柔軟性があるということではありません。重要なのは深部、いわゆる**内臓や皮膚など、あらゆる器官まで柔らかい**ことです。

このような状態が維持できれば「循環がよい状態」と言えますし、練習やトレーニングで多少疲労しても、疲労が蓄積することなく、素早く回復できるようになります。
逆も然《しか》りで、循環がよいと柔らかさは保たれます。

さらに**力を抜いたときにはフニャフニャに、力を入れたときには鋼鉄のように、抜き入れの幅が大きい、そんな筋肉の状態をリカバリースキルにおける「柔らかさ」と定義**しておきます（拙書『最強の身体能力　プロが実践する脱力スキルの鍛え方』で紹介した考え方にも通じます）。

身体には「柔らかさ」と「循環」を高めるさまざまな仕組みが備わっているので、リカバリートレーニングではその仕組みを利用していきます。

その一つが、**特定の部位に現れる「固さ」**です。

疲労の症状は特定の部位が「固くなる」ことでわかるとお伝えしましたが、疲労の種類と固くなる部位をあらためて整理すると、次のような相関関係があります。

■ **筋肉疲労　⇓ふくらはぎを中心に、下半身全般が固くなる**

■ **内臓疲労 ⇓お腹が固くなる**
■ **脳疲労 ⇓後頭部や側頭部、目や耳の周りが固くなる**
■ **精神疲労 ⇓胸椎や胸骨、お腹が固くなる**

「深部まで柔らかく」と言われても、たとえば内臓が柔らかくなったかどうかを自分で確認することはできませんよね？　ですが、お腹の固さを確かめることで、相対的に内臓の状態を知ることができます。

リカバリートレーニングでは、固さが現れる場所を「重点ターゲット」として設定しています。これらは固さが出やすくなる「要因」に関わる場所も含むので、筋肉だけでなく、関節や内臓なども該当します。

いつでも全身をくまなくケアできる時間があればいいのですが、そんな余裕はない人がほとんどのはずです。

そこで、典型部位を最小限に絞って「重点ターゲット」とし、集中的にアプローチすることで、**最小限の労力で最大限の能力を引き出すことができる**ようになっています。

重点ターゲットは次の4つです。

①ふくらはぎ
②横隔膜（内臓やお腹の血管）
③胸椎と胸骨とお腹（特にへそ上）
④目や耳などの感覚器

それぞれの部位について詳しく解説しましょう。

固まりやすい部位と重点ターゲット

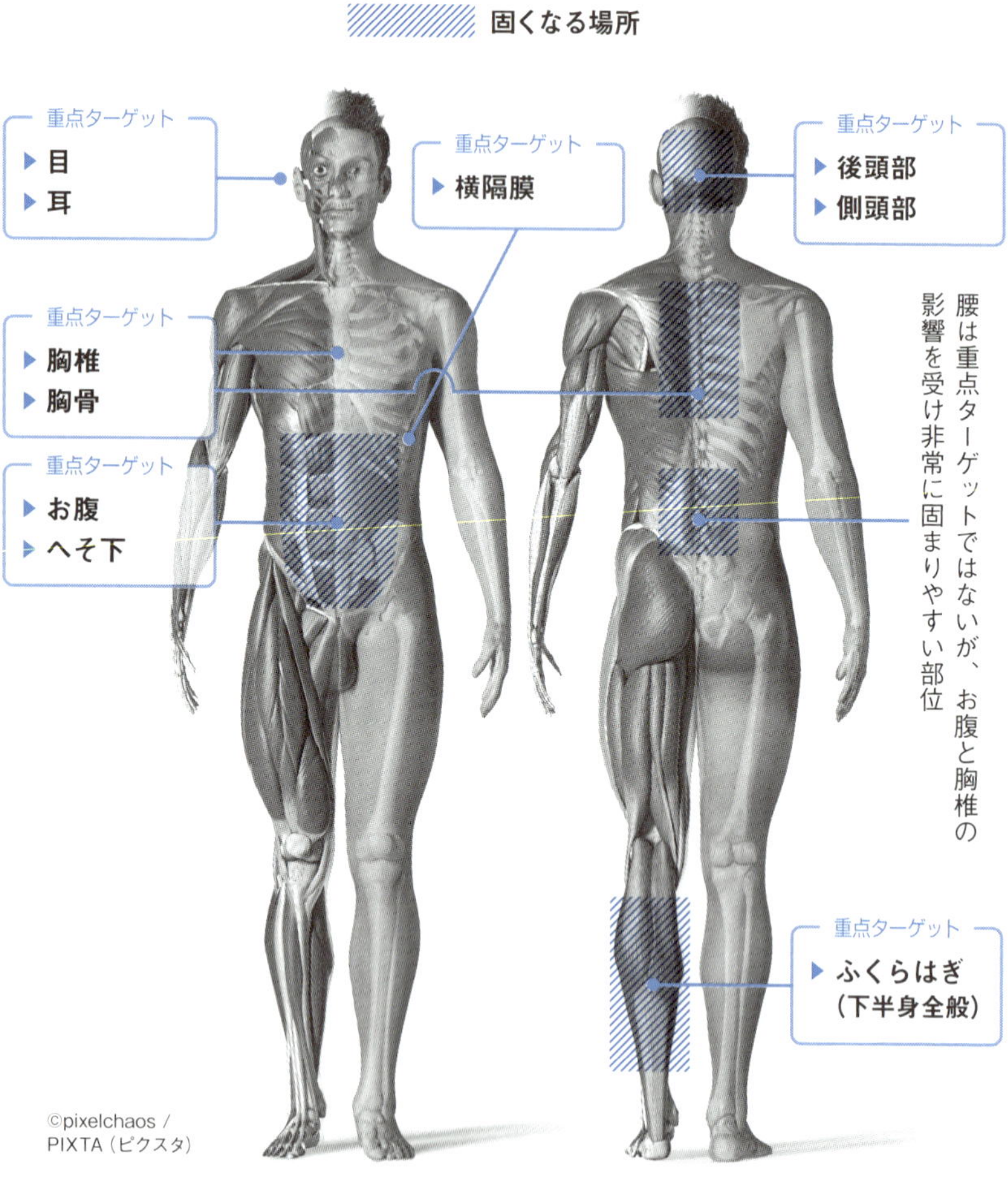

固くなる場所
重点ターゲット
▶ 目
▶ 耳
重点ターゲット
▶ 横隔膜
重点ターゲット
▶ 後頭部
▶ 側頭部
重点ターゲット
▶ 胸椎
▶ 胸骨
重点ターゲット
▶ お腹
▶ へそ下
腰は重点ターゲットではないが、お腹と胸椎の影響を受け非常に固まりやすい部位
重点ターゲット
▶ ふくらはぎ
（下半身全般）
©pixelchaos / PIXTA（ピクスタ）

固くなる部分＝重点ターゲット。ひとえに「お腹が固い」といっても筋肉or内臓or精神など三つの疲労に関わっており、その種類、原因を特定するのはむずかしい。

重点ターゲット1

ふくらはぎ

ふくらはぎには脚の疲れはもちろん、全身の疲労状態が反映されます。

たとえば長時間のデスクワークで脚を酷使していないにもかかわらず、脚がだるい、むくむといった疲労感が生まれるケースは多く、それらはほぼふくらはぎに現れます。

また、これまでにお伝えしましたが、ふくらはぎは「第二の心臓」と呼ばれるほど、全身の血流に大きく関与しています。心臓から出た血液が再び心臓に戻るのをサポートする「ポンプ作用」という仕組みがあるからです。

ふくらはぎが固くなるとこのポンプ作用が使えなくなり、全身の循環に影響が出ます。

すでにふくらはぎに疲労感がある人は実感できると思いますが、ふくらはぎの疲労感は立つたび、歩くたびに、「だるい」「重い」といった体感（信号）を脳に与え続けます。それがストレスとなり、脳疲労にもつながる可能性が高いのです。

これらの理由から、筋肉疲労の解消、および全身の血流の改善に関してふくらはぎを柔らかく保つことが非常に重要です。

重点ターゲット2

横隔膜（内臓やお腹の血管）

身体を深部から柔らかくする目的において、もっとも重要なのは横隔膜の働きです。

なぜかというと、

①横隔膜が上下に動くことで内臓をほぐす　⇓身体の深部から柔らかくする
②腹圧を保ち、土台となる腹部・腰部を安定させ、腕や脚の力が発揮されやすくなる
⇓腰や腕・脚を酷使しなくてすむ

という二つのメリットがあるからです。

横隔膜について、もう少し掘り下げてみましょう。

横隔膜はドーム型をした特殊な膜

横隔膜は呼吸の主役となる筋肉で、腹式呼吸は横隔膜を動かさないとできません。また、「体腔《たいくう》」の中に存在する唯一の骨格筋で、内臓を収めるために機能しています。厚みは平均で3〜5ミリ程度、上下を覆う脂肪と筋膜を合わせても2センチ前後と言われ、面積は手のひら2枚分以上あります。

体腔とは体幹内部の空洞を指し、胸腔と腹腔で成り立っています。空洞の上半分である胸の部分（胸腔）は背骨と肋骨に囲まれる強固な構造をしており、その中に肺と心臓があります。

一方、下半分であるお腹の部分（腹腔）には背骨があるだけです。骨の囲みがないため構造的に弱いのですが、胃腸や肝臓、腎臓など多くの内臓がぎっしり詰まっています。

横隔膜は、みぞおちあたりで胸腔と腹腔を仕切る形で存在し、その形状は上に凸のあるドーム型をしています。

横隔膜の位置、形状はこうなっている

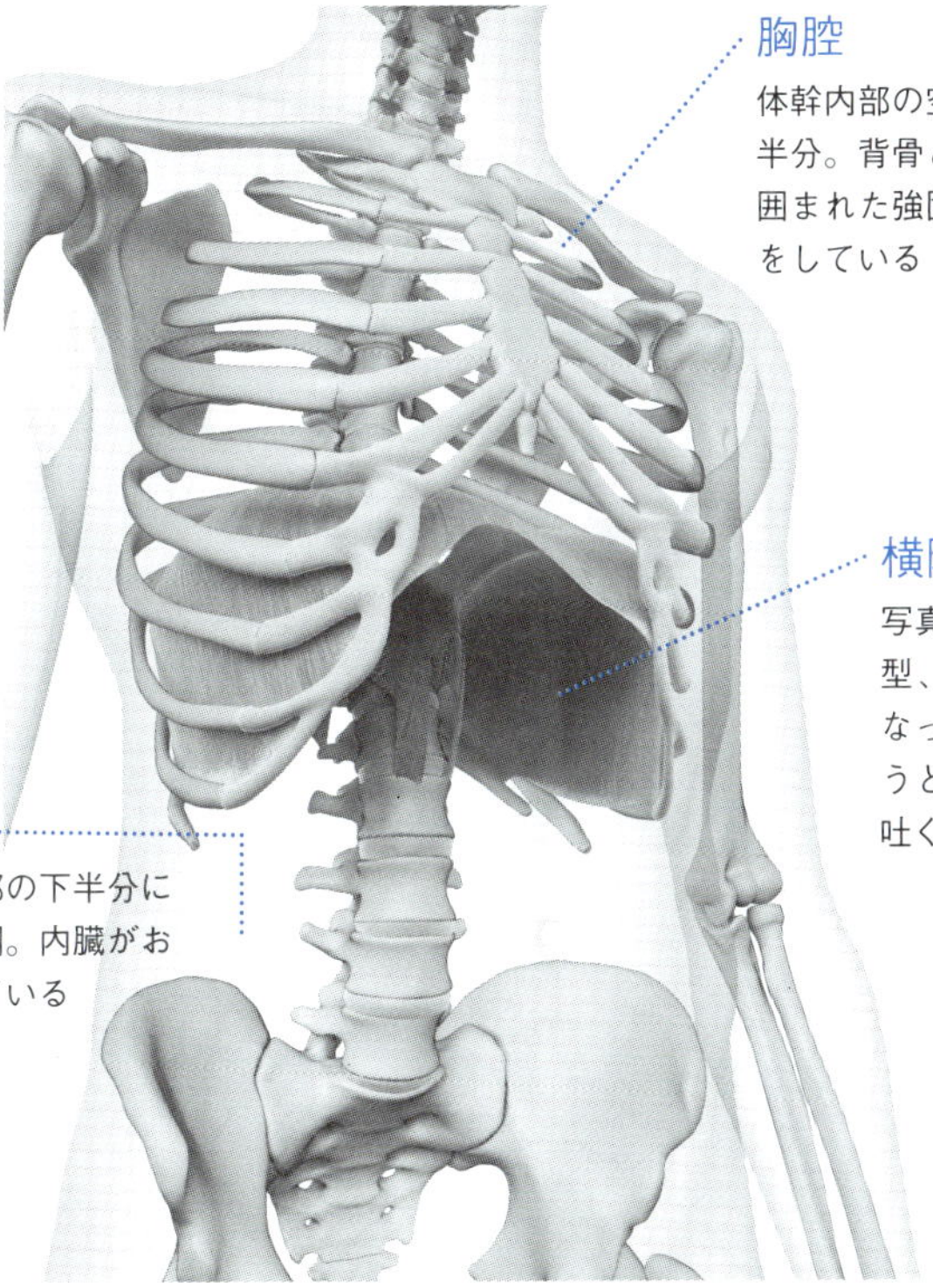
胸腔
体幹内部の空洞の上半分。背骨と肋骨に囲まれた強固な構造をしている
横隔膜
写真のようなドーム型、屋根のようになっている。息を吸うと“屋根”が下がり、吐くと上がる
腹腔
体幹内部の下半分にある空洞。内臓がおさまっている

横隔膜はみぞおちの高さにあり、胸腔と腹腔の境目となる膜状の筋肉。肋骨（第7～12肋軟骨《ろくなんこつ》）の内側、腰椎（第1～3腰椎）、剣状突起《けんじょうとっき》（左右の肋骨をつなぐ胸骨の腹側の先端）につく。運動神経や自律神経、感覚神経を含む横隔神経をコントロールしている。

©Adobe Stock

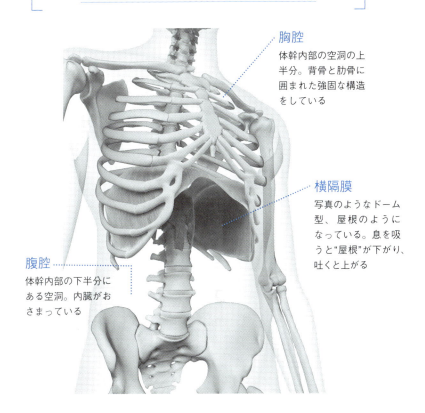

「膜」という名前がついていますが、れっきとした筋肉（骨格筋）です。それゆえ鍛えれば強くなりますし、使わないと衰えて固くなります。

ほとんどの骨格筋が骨や関節を動かす役割を持つのに対し、横隔膜は骨格筋でありながら、骨ではなく、むしろ内臓を動かすことがおもな役割になっています。役割が違えば、形状も異なります。

多くの骨格筋は両端が関節をまたいで別々の骨に付着しており、収縮させることで骨や関節を動かすことができるのに対し、横隔膜は先にお伝えしたようにドーム型をしています。力が抜けて弛緩する（息を吐く）ときはドーム型、収縮する（息を吸う）と平たくなり下方向に引き下げられます（99ページ参照）。

横隔膜が柔らかく、しかも強烈な収縮と深い脱力ができる場合、10センチ以上も上下すると言われます。

横隔膜は体内にあって、自分で動かせる唯一の筋肉

横隔膜は体内にある器官の中で、唯一自分で動かせる〝筋肉〟です。

安静時には、呼吸の70%が横隔膜によって行われていると言われ、寝ている間にも休むことなく無意識に働き続けます。

また、緊張すると息が浅くなる、興奮すると息が荒くなるなど、呼吸は自動的に調節されます。これらは横隔膜に作用する自律神経の働きによるものですが、このときも横隔膜は無意識に働いています。

一方で、深呼吸をするときのように意識的に動かすこともできます。

このように**横隔膜は自動的に動きつつ、意識的にも動かせるという特徴を持っています。**

呼吸に関わる筋肉（呼吸筋）は、横隔膜や肋間筋など19種類あります。ですが、自分で動かすことができるのは横隔膜だけです。

あなたの横隔膜はどういう状態ですか？

衰えていますか？　ばっちり働いていますか？
筋力はありますか？　柔らかいですか？

答えは……「わからない」。正解です。

腕や脚の筋肉であれば、筋肉が減って細くなったり、たるんだり固くなったりすることで認識できます。また、久しぶりに運動をしたときなどに、筋肉系の衰えは自覚しやすいでしょう。

ですが、横隔膜は身体の深部にあります。しかも**収縮を感じるための張力センサー（筋《きん》紡《ぼう》錘《すい》）が極端に少ないために、動きが感知しにくいという「鈍感な筋肉」**です。

そのため、横隔膜の動きはお腹が膨らむ動き、または腹圧を感じるという形でしか感知できません。

このことは逆に、自分の意思で横隔膜を動かすことができるということでもあります。**お腹が膨らむことは横隔膜を動かせている（収縮している）サイン**です。

つまり、冒頭でお伝えした「横隔膜を鍛える」方法とは、おもに呼吸法を通じて行うことになります。

横隔膜が動くことで内臓がマッサージされる

横隔膜が上下に動くことにより、腹腔の中を満たすほとんどの内臓も動かされます。これは物理的なマッサージ作用となり、横隔膜に押さえつけられて強く押されたりゆるめられたりすることで、内臓の血流もよくなります。

このように直接的に内臓をほぐし、血流をよくする仕組みは横隔膜にしかない重要な役割です。

また、**横隔膜にはリンパの流れを促す作用**もあります。

血液は心臓というポンプにより流れを作り出しますが、すでにお伝えしたように、リンパには心臓のようなポンプがありません。筋肉の収縮など、周囲の圧の変化によってゆっくりと流れを作り出す必要があります。

要するに、筋肉が動かないと流れが滞りやすいのです（第1章で説明した左鎖骨下の固さによって出口が詰まってしまうことも、流れが低下する原因です）。

リンパ管のうち、もっとも太い部分がお腹の奥中央にあり、リンパ全体の流れに大きく影響します。そのため、**横隔膜を鍛えて腹圧を大きく変化させられることは、リンパの流れにもとてもよい影響を与える**ことができます。

腹圧がアップし体幹の安定につながる

横隔膜は鍛えることで、強烈に収縮できるようになります。このとき腹腔が上から圧迫されるので、腹圧が高まります。

腹圧の機能について、もう少し説明しましょう。

腰は腰椎という背骨の下部だけで支えられ、ほかは筋肉や内臓などが囲んでいるだけの、骨格構造上とても弱い部分です。

にもかかわらず、上半身の重さや、ジャンプなどをしたときに下半身で生み出された大きな力が加わり続け、非常に負荷がかかります。そのため、**骨と筋肉だけで支えようとしてしまうと、腰に大きな負担がかかってトラブルが起こりやすくなります。**

また、腹部の不安定さを補うために、腰や肩を過剰に緊張させる反応が起こりやすく、フォームの乱れなどにつながるため、パフォーマンスを低下させてしまいます。

そこで腹圧を高めることによって、次のようなメリットが得られます。

■体幹を安定させ、腰やお腹を内側から支えられるようになる
⇓腕や脚の力が発揮され、パフォーマンスが向上する
■腰のトラブルを防ぐ　⇓ケガの防止

重点ターゲット3

胸椎と胸骨とお腹（へそ上）

胸椎と胸骨とお腹（へそ上）は自律神経と深い関係があります。

胸椎は背骨の一部で、頸椎《けいつい》や腰椎、肋骨などと連結しています。

胸椎が固まると、体幹を反らせたり捻《ひね》ったりする動きが低下します。鎖骨や肩甲骨、腕の骨とも隣接しているため、**上半身のさまざまな動きとの影響関係にある重要な部位**です。

特に野球やテニスなど、腕を強烈に振る動きは体幹のしなやかさが非常に重要であるため、パフォーマンスに悪影響が出やすいと言えます。

胸骨は、胸の正面にあるネクタイのような形状の骨で、胸椎と肋骨の連結に含まれます。交感神経がはじまる部位にあたり、胸骨の奥には自律神経が集まっているため、自律神経が疲労すると胸骨もその影響を受けて固まります。

実際、日本代表の試合を終えた選手の身体をチェックすると、これらの部位は例外なく固まっています（胸周り全体の柔軟性や呼吸のしやすさを指標とすることで変化がわかります）。

そのまま放置するとさまざまな問題に移行していくことは、第2章の「疲労のリンク」（80ページ参照）で説明したとおりです。

へそ上には自律神経節が集まっている

へそ上の固さはお腹の固さが現れる場所としても重点ターゲットですが、自律神経の観点においてもとても重要です。へそ上には、**自律神経節という神経細胞の集合体があるから**です。

上から順に、**腹腔神経節**（肝臓、すい臓、胃、十二指腸などの交感神経）、**上腸間**《じょうちょうかん》**膜**《まく》**神経節**（小腸、右の大腸、生殖器系などの交感神経）、**下腸間膜**《かちょうかんまく》**神経節**（左の大腸

三つの自律神経節の位置

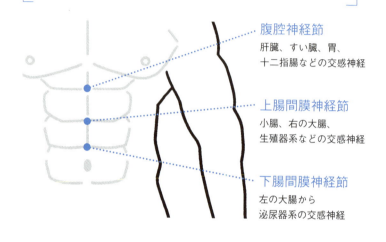

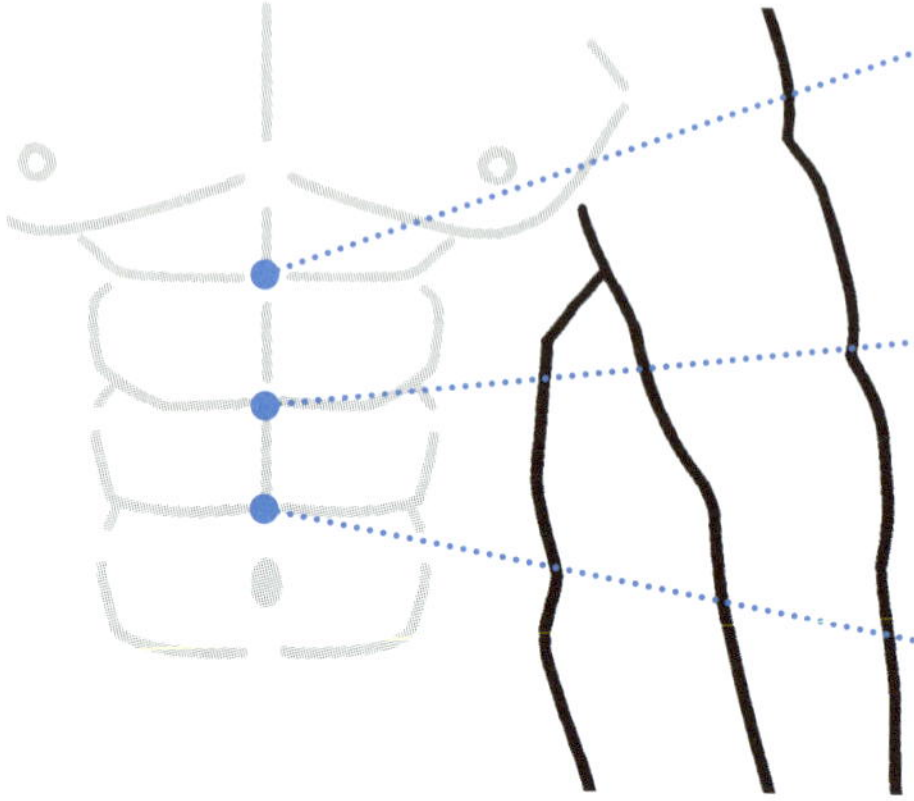

から泌尿器系の交感神経）と呼ばれています。

どれも「興奮モード」である交感神経に関連しています。

交感神経が過剰に働き続けて自律神経の疲労が蓄積すると、神経節への血流が低下して固まります。

神経節の正確な名称は覚える必要はありませんが、リカバリートレーニングを行う際に使いますので、それぞれの位置は把握しておきましょう。

重点ターゲット4

目や耳などの感覚器

たとえば不快な音が延々と耳に入り続けると、だんだんイライラしてきたり、頭痛が起きたりしますよね？

多くの場合、耳の周囲も緊張を起こして固まっています。**耳の周囲には頭部につながる筋肉が多いため、それらの緊張が血流低下を引き起こし、頭痛や脳疲労につながる**からです。

一方、目から起こる脳疲労はふだんから実感している人は多いと思います。

スマートフォンの利用やデスクワークなど、目の疲労の問題はここで説明する必要がないほど身近なものとなりました。スマートフォンを見ているだけで目に飛び込んでくる膨大な情報は、視神経を通って脳へ伝わって処理されます。それが日常的な習慣になっています。私たちは、常に脳疲労状態といっても過言ではありません。

当然、耳と同じように目の周りの筋肉も緊張し続け、血流が低下して疲労状態にあります。

さらに、小さな画面で文字や映像を見続けることでも、目の周りの筋肉は緊張し続けることを強いられています。

こういった理由から、多くの人が脳疲労に加えて、目も疲れているのが当たり前の状態なのです。

プロ選手でもスマホゲームに熱中してしまう選手は多く、それがパフォーマンスに影響しそうだと判断した場合には注意するように伝えています。

特に**目の筋肉の疲労は、反応速度や空間認識能力などの動体視力、そして集中力の低下を招きやすくなります**。

プロ野球の一流バッターがベテランになって（加齢によって）、打てなくなってきたときに大きな原因とされているのが、視覚能力の低下です。実際、身体は動くけれど速いボールに反応できなくなった、という声はよく耳にします。

野球だけでなく、テニスや卓球、サッカーなど、ボールの高速移動や相手選手の動きなど、多くの視覚情報を集め、即座に判断しなければならないような競技は目の疲労（もちろん脳疲労も）が非常に起こりやすいと言えます。

皮膚は多くの問題とつながっている

①〜④の「重点ターゲット」のほかに、筋肉の固さとも深く関係する重要な部位があります。それが皮膚です。

皮膚は全身を覆っているだけでなく、その内側では真皮などを介して、筋膜などともつながっています。そのため筋肉疲労による「固さ」が現れやすく、その場合、皮膚を押したり、つまんだりすると痛みがあることが多いです。

ふだんあまり意識していないかもしれませんが、**自律神経の問題が皮膚に現れることもよくあります**。その際も皮膚が固くなっています。

痛みやこりが習慣化している部位は筋肉だけでなく、間違いなく皮膚も固まっています。また、お腹の固さがなかなかとれない場合、内臓ではなくお腹の皮膚が固まっていることがあります。

お腹の皮膚はたるむというイメージを持っている人もいるかもしれませんが、**筋肉が衰えてたるんでいるように見えるお腹でも、皮膚は固まります。**

お腹がたるんでしまうことは、すなわち筋肉を使っていないことを意味し、筋肉が働いていない部位の皮膚は固くなるからです。

筋肉や皮膚は酷使されても固くなるし、衰えても固まるという性質があります。

特に、先にお伝えした3カ所の自律神経節がある部位の皮膚は、交感神経が過剰な状態が続くことで固まりやすいため、お腹の皮膚の中でも重要ポイントです。

リカバリートレーニングでは、皮膚をつまんでずらしたりもします。それだけふだんから皮膚を柔らかく保つようにすることは、リカバリースキルとして非常に重要だということです。ぜひ習慣にしてください。

COLUMN

疲労は数値化できない

疲労の度合いはどのような基準で表されると思いますか？

自分の主観に頼らずに、具体的な数値として疲労の度合いを表すことができれば、自分がどれだけ疲れているかわかりやすいはずです。

しかし、疲労には客観的な基準がありません。現状では疲労そのものを客観的に計測することはむずかしく、正確な数値として表すことはできません。

これは実際の医療現場やスポーツのプロチームといった専門的な場所でも同様で、主観を基準として判定しています。その方法を紹介しましょう。

プロの現場では「疲労度合いのチェック」という方法を用いています。これは疲労度という名称を用いて、10段階※で表すケースが多いです。

ちなみに、主観を数字で表す手法は、専門用語でVAS（Visual Analogue Scale）と呼ばれます。痛みの強さを表現する際にも使われ、客観化できない感覚（痛み、疲労度合い、動きやすさ）を扱う際の方法として、医学的にも用いられています。

VASを用いた場合、もっとも疲れているときは10、疲労をまったく感じないときは1（または0）と記録します。ですが、このときの指標は主観です。よって同じ10でも、疲れやすい人とそうでない人では、その度合いが異なる可能性があるのです。

※100段階のこともある

第4章

「リカバリートレーニング」をはじめよう〈初級編〉

4

▼「リカバリートレーニング」の4つのフェーズ

リカバリートレーニングは、次の4つのフェーズ（段階）で行います。

フェーズ0：状態把握（現時点での回復能力、疲労状態を知る）
フェーズ1：ほぐす系（柔軟性を取り戻し、回復能力を高める下地づくり）
フェーズ2：整える系（骨格のずれや循環状況を改善）
フェーズ3：鍛える系（深部から循環を促し、働かせるべき部位を働かせる）

これらのフェーズは順序がとても重要です。最終的には「鍛える」フェーズに至りますが、その前段階でこれまでに蓄積された固さをしっかり解消しておくことで、後に行うトレーニングの効果が高まります。そのため、**必ずフェーズ0から行ってください**。

また、フェーズ0は現状の疲労状態、トレーニング前後の状態変化を確認するために重要です。**トレーニングというより、現状の疲労状態をチェックするために活用**します。特に回復能力の向上が実感できるようになってきた後も、継続して行いましょう。

では、それぞれのフェーズを詳しく解説します。

フェーズ0

状態把握
（現時点での回復能力、疲労状態を知る）

ファーストステップとなるフェーズ0では「状態把握」を行います。

自分自身の回復能力がわかるだけでなく、その日の状態を知るうえでも非常に有用なので、なるべく毎日チェックしてください。

チェックする場所は次の4カ所です。「呼吸の深さ」以外は、疲労症状により「固くなる部位」に該当しています（91ページ参照）。

- **ふくらはぎの固さ**
- **お腹の固さ**

■ **後頭部・側頭部の固さ**

■ **呼吸の深さ**

この4カ所を実際に触ったりしながら、

■ **ふくらはぎ、お腹、後頭部・側頭部が柔らかいか**

■ **十分に、深く呼吸できているか**

■ **指で深く押し込んでも、筋肉やお腹に痛みや違和感がないか**

などを確認します。

これらの項目は回復能力が向上するための必須条件です。**痛みや固さがある場合、それらの部位に関連した疲労の蓄積が疑われるだけでなく、回復能力を高めるうえで妨げになる**ので、フェーズ1からのトレーニングで、できるだけ早く取り除きましょう。

フェーズ1

ほぐす系
（柔軟性を取り戻し、回復能力を高める下地づくり）

フェーズ1では身体を「ほぐす系」のトレーニングを行います。

これは、**疲労によって特に固まりやすい身体の各器官の柔軟性を取り戻し、回復能力を高める下地づくりの役割**を持ちます。ゆえに、ここでしっかりとほぐしておかなければ、その先で十分な効果を得られにくくなります。

おもな部位は、「重点ターゲット」をはじめとした、日々の疲労の蓄積によって知らぬ間に固まってしまうことが多い部位です。

自覚的な疲労を感じていない状態であっても、深部まで固さを探すようにして、ていねいに取り組んでください。

またフェーズ1で行う8つのトレーニングのうちの4つは、フェーズ0の内容によりトレーニング要素を取り入れたものになっています。やり方はほぼ同じですが、意識するところが変わってきますので注意してください。

トレーニングの一部として東洋医学を取り入れる

フェーズ1では「ほぐす系」の一環として東洋医学、特に「経絡《けいらく》」のトレーニングを取り入れています。

経絡の概念は身体の中を流れる「エネルギーの道」と説明されます。腕や脚、体幹内を通り、内臓や手脚の動きに影響を与え、また影響を受ける関係性にあるほか、ツボ（経穴《けいけつ》）とも深く関連しています。

私は各種トレーニングを行う際に、東洋医学の考え方を取り入れることがよくあります。**西洋医学の観点で問題が見つからなかったとしても、東洋医学の観点からみると「経絡」に問題が出ていることが多く、その経絡のエラーを解消することで違和感が消える**ということを少なからず経験してきたからです。

経絡には12本の主要なルートがあり、それぞれ特定の内臓や身体の部分につながって、身体全体のバランスを保つ役割をしています。たとえば胃と関連する経絡は胃の状態を表したり、影響を与えたりします。

リカバリートレーニングでは、このつながりを利用して多角的に身体の状態を整えていきますが、このとき、おもに**手足の指先にある井穴《せいけつ》を使います**。井穴とは、経絡のスタート地点にあるツボのことです。

また、押さえたときに痛みがある指は、その対応部位の経絡にエラーがあることを意味しますので、疲労状態を知るバロメーターにもなります。

井穴の位置と内臓の関係

たとえば親指は肺、人差し指は大腸、というように、
それぞれの井穴が各内臓と対応している。

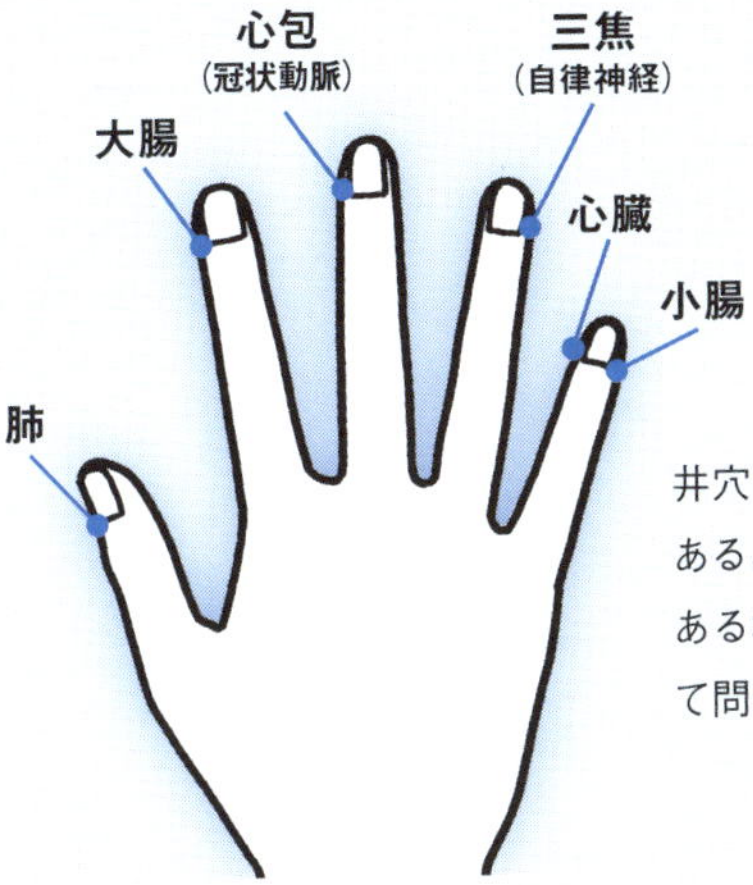

井穴の位置は爪の根元の際《きわ》にあるとされている。片側だけにある場合が多いが、両側押して問題なし。

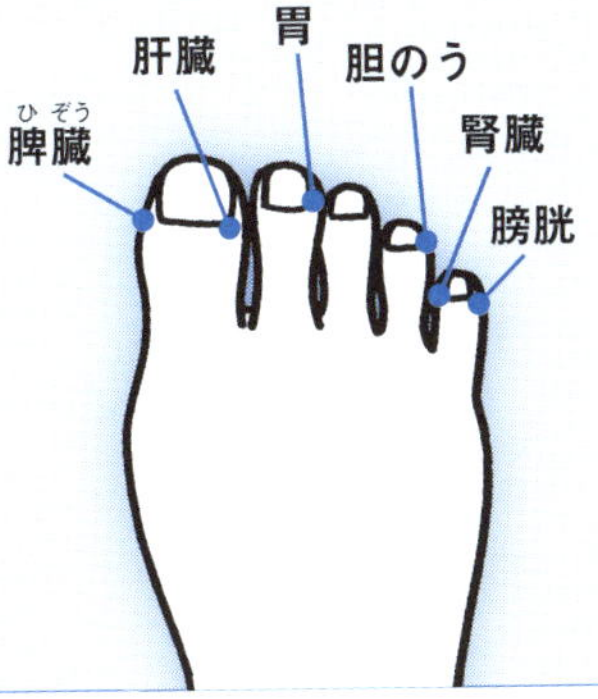

足の中指には井穴がないので、
行わなくてOK。

※イラストでは内臓へのアプローチを紹介したが、経絡が対応するのは内臓に限らず、通過するライン上の各組織とも影響関係にある（各経絡がどこのラインを通るかについては本書の主題ではないため、割愛した）。

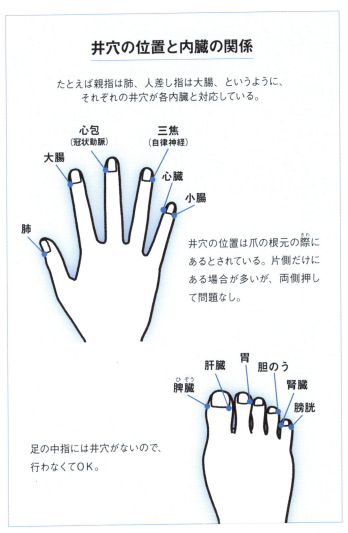

フェーズ2

整える系
（骨格のずれや循環状況を改善）

フェーズ1で疲労回復能力の土台ができたら、フェーズ2、3に移行します。

フェーズ2では、おもに骨格や筋肉の状態を「整える系」のトレーニングを行います。

第1章でお伝えしたように、筋肉が疲労により固くなると、関節の可動域が制限されます。すると関節にかける力が不均衡になりやすく、これが関節のアライメント（位置関係）に影響を与えます。

それにより、**関節の不安定性や不正確な位置関係を引き起こすことがあり、周辺の血管が圧迫されやすくなります。**

関節のずれは非常に小さなものが多く、日々少しずつずれが広がっていくので自覚できていないケースも多いのですが、**このようなずれは動きの中での違和感や関節周りで循環の低下を生み出しやすく、さらに疲労を大きくします。**これらをリカバリートレーニングで整えていきます。

「関節のずれを自分で調整できるの？」

そう不思議に思うかもしれませんが、筋肉の緊張やその持続による固さを取り除くことで、少しずつですが改善させることが可能です（事故や疾病、長期間にわたる歪みの継続で関節が変性している場合などは除きます）。

リカバリートレーニングでは、関節を適正な位置に誘導するポジションをとりつつ、おもに外からの圧を利用することで骨の位置関係を整えます。

繰り返しになりますが、１つ前のフェーズができていないうちは、次のフェーズにトライしないことです。フェーズ１でしっかりほぐれているからこそ、フェーズ２の効果が出てきますし、整えたものが維持されやすくなります。

地味で面倒に感じるかもしれませんが、必ずフェーズ1をしっかりていねいに行い、フェーズ0のチェックで少しでも変化を感じられたら、フェーズ2に進むようにしてください。

フェーズ3

鍛える系（深部から循環を促し、働かせるべき部位を働かせる）

リカバリートレーニングの最終段階であるフェーズ3では、いよいよ**「回復能力を向上するために強化が必要な部位」を鍛えていきます。**

一般的な感覚であれば、「疲れたら休む」という発想になるところですが、リカバリートレーニングは疲労のある・なしにかかわらず、日常的に鍛えることでその効果を発揮します。日々積み上げていくことで、疲労回復能力を底上げするものです。

また、第1章でお伝えしたように、回復能力が高まることで、回復行為そのものの効果が向上するという関係性にあります。

疲れをとる、いわば「回復」だけが目的であれば、ほぐしたり、柔らかくしたりするだけで十分ですが、「回復能力の向上」のためには次の2点が重要です。そのために鍛える必要があります。

ポイント1

ふだんから血流がしっかり保たれる ⇒循環の促進

フェーズ1、2にも血流を保つ作用がありますが、**フェーズ3は腹腔内など、特に体幹深部にフォーカスした内容**になります。これらの部位は、筋肉を伸張させるなどして身体の外側から血流を上げにくいため、内側からアプローチできるフェーズ3が重要になってきます。

ポイント2

本来働かせるべき部位をちゃんと働かせる ⇒力みの軽減

働かせるべきところを働かせ、常に働きやすい状態をつくっておくことで体幹が安定すると、力みが起こりにくくなります。結果、疲労が抜けやすくなるほか、筋肉の血流が良好な状態に保たれやすくなります。

ただし、「鍛える」「強化する」といっても、従来のような筋骨隆々にするもの、負荷をかけるものではありません。

では、**どこを鍛えるかというとおもに「横隔膜」**です。フェーズ0〜2では「重点ターゲット」を中心にアプローチしてきましたが、フェーズ3においては、ほぼ横隔膜に注力するといってよいでしょう。

また、横隔膜を鍛えることで、重点ターゲットを固まりにくくする作用もあります。

それでは、リカバリートレーニングの基礎であるフェーズ0、1からはじめていきましょう（フェーズ2、3については第5章で解説します）。

フェーズ0

脚の疲労、全身の循環状態をチェック

ふくらはぎの固さ

CHECK

ふくらはぎに圧をかけ、痛みがないかチェック

ふくらはぎを9つの区画に分け
(左ページ参照)、
すねで圧をかけたときに
痛みや違和感、
固さがないかをチェック。

床から手を離しても痛みがなく、正座できるかが指標

痛みがある場合は無理に
手を離す必要はない。

圧を加えたい場所に
足首からすねの骨を置く

ふくらはぎの固さは、同部位の筋肉の状態やひざ、足首の状態（固さや不安定性など）、そして全身の循環状態を反映します。

四つ這いの姿勢から脚を交差させ、片方のすねの骨でもう一方のふくらはぎに圧をかけ、痛みや違和感がな

動画はこちら

POINT

ふくらはぎの9区画の分け方

縦、横、それぞれ3分割にし、9区画に分ける。
これはほぐしもれをなくすため。
分けにくい場合は縦に3分割にし、3区画に分けてもOK。

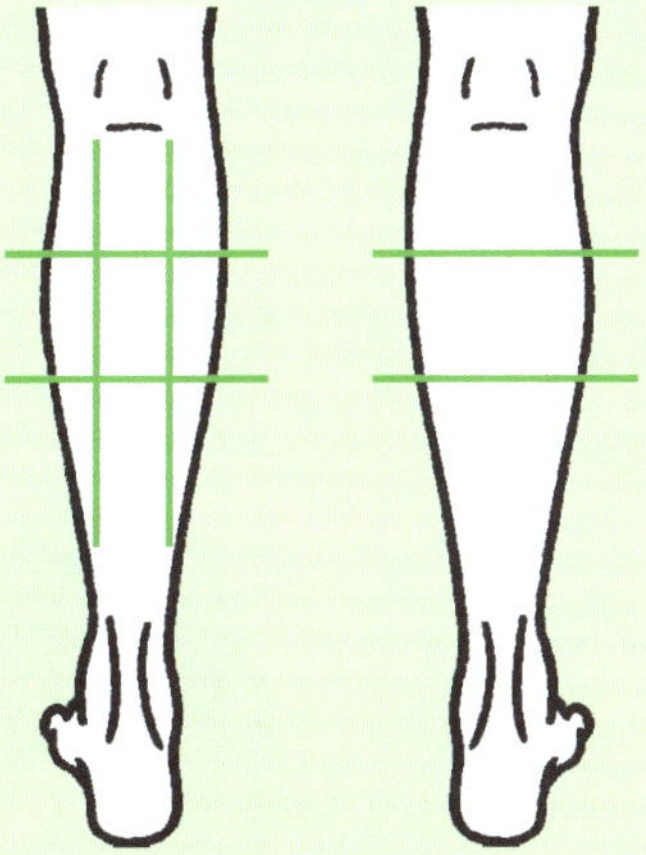

足首が固くて正座ができない場合は足首下にクッションやタオルを入れる。
ひざが痛くて曲げられない場合はあぐらの姿勢になって指で押す。

いかをチェックします。この方法だとふくらはぎを指で押すよりしっかり圧がかかるので、状態がわかりやすいです。

ここをチェック

- **すべての区画で痛みが出ないことが目標**
- **終日デスクワークであったり、ふくらはぎを直接酷使していない日も必ずチェック**

フェーズ 0

お腹の状態を奥までチェック

お腹の固さ

CHECK

息を吐きながらお腹を押し込み、痛みがないかチェック

ひざを立てて仰向きに寝る。
お腹を９区画に分け（左ページ参照）、
鼻から息を吐きながら各区画を指で深く押し込む。
痛みや違和感を確かめる。

両ひざは立てる

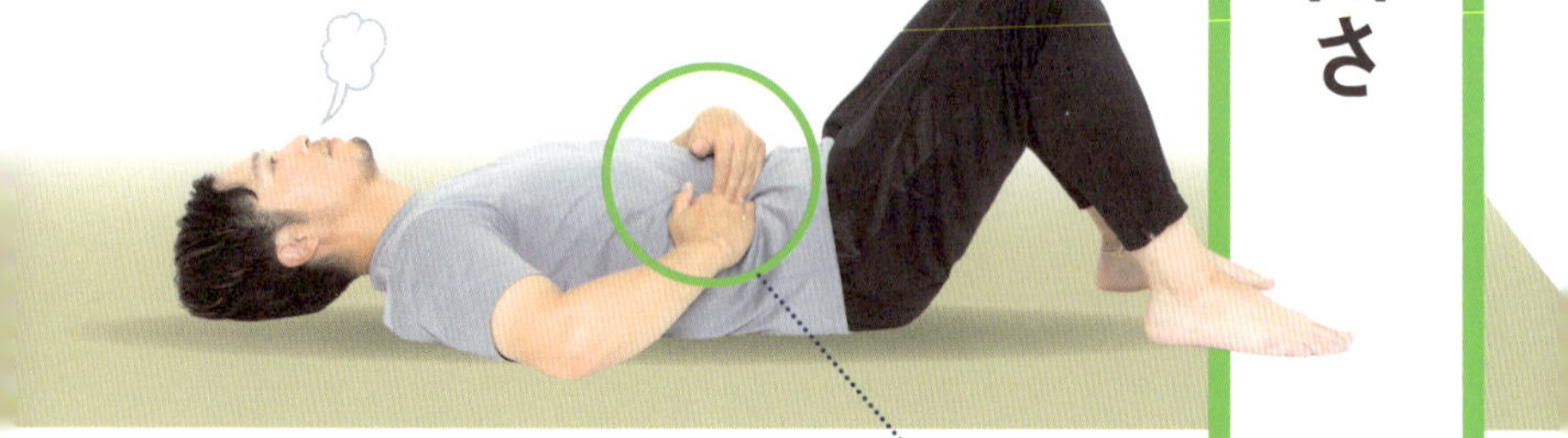

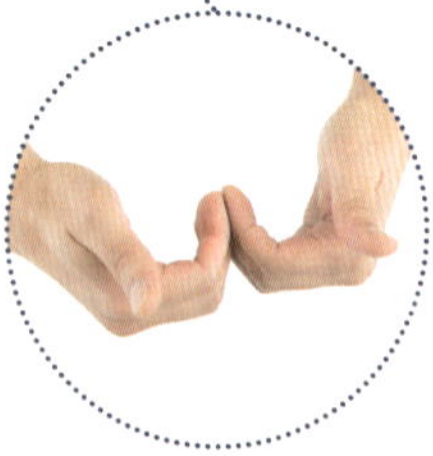

手はこんな形。
指先で押す

お腹には筋肉疲労や内臓疲労など、さまざまな疲労が「固さ」として現れますが、特に内臓の自律神経などに蓄積した疲労の度合いや血流状態を反映します。

「固さ」の目安は、お腹の厚さの半分ぐらいまで押し込んでも痛みや違

動画はこちら

POINT

縦、横をそれぞれ3分割にし、9区画に分ける。

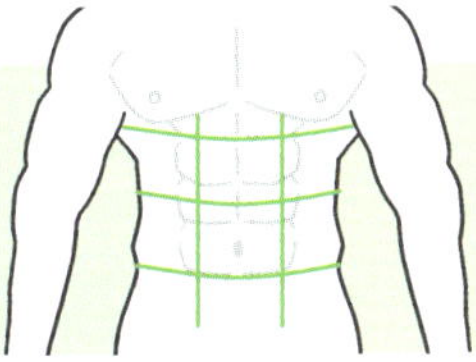

お腹の9区画の分け方

ほぐしもれをなくし、固くなる部分を把握しやすくなる。

CHECKのバリエーション

皮膚をつまみ痛みがないかチェック

✔ 1と同様に、息を吐きながら行う。

和感がないこと。指で深く押し込んだときに痛みや違和感がある、ほかの部位よりも固いという場合は要注意です。

ここをチェック

- **痛みなく、すべての区画でお腹の厚みの半分まで指を押し込めることが目標**
- **食事直後は避けること**

フェーズ0

脳疲労や目・耳・首の状態をチェック

後頭部・側頭部の固さ

動画はこちら

CHECK

側頭部を中心にじんわり押し、痛みがないかチェック

指を折り曲げて、そのまま上下左右にゆっくり動かす。手の位置を変え、ターゲット（左ページ参照）全体をじんわり押して確認。

肩や首が力まないように注意

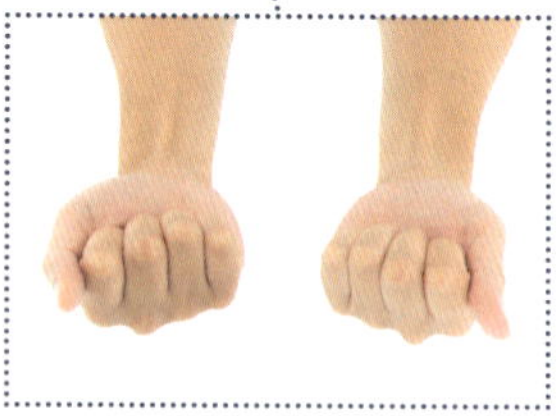
両手をグーにし、第2関節を使う

後頭部や側頭部の固さは、脳や目・耳の疲労、そして首の状態を反映します。指を使ってグリグリと圧を加えたときに痛みがないことが重要です。

余裕があれば、該当する部位の皮

POINT

後頭部・側頭部のターゲット

うなじからこめかみの高さまでの
エリアを目安に行う。

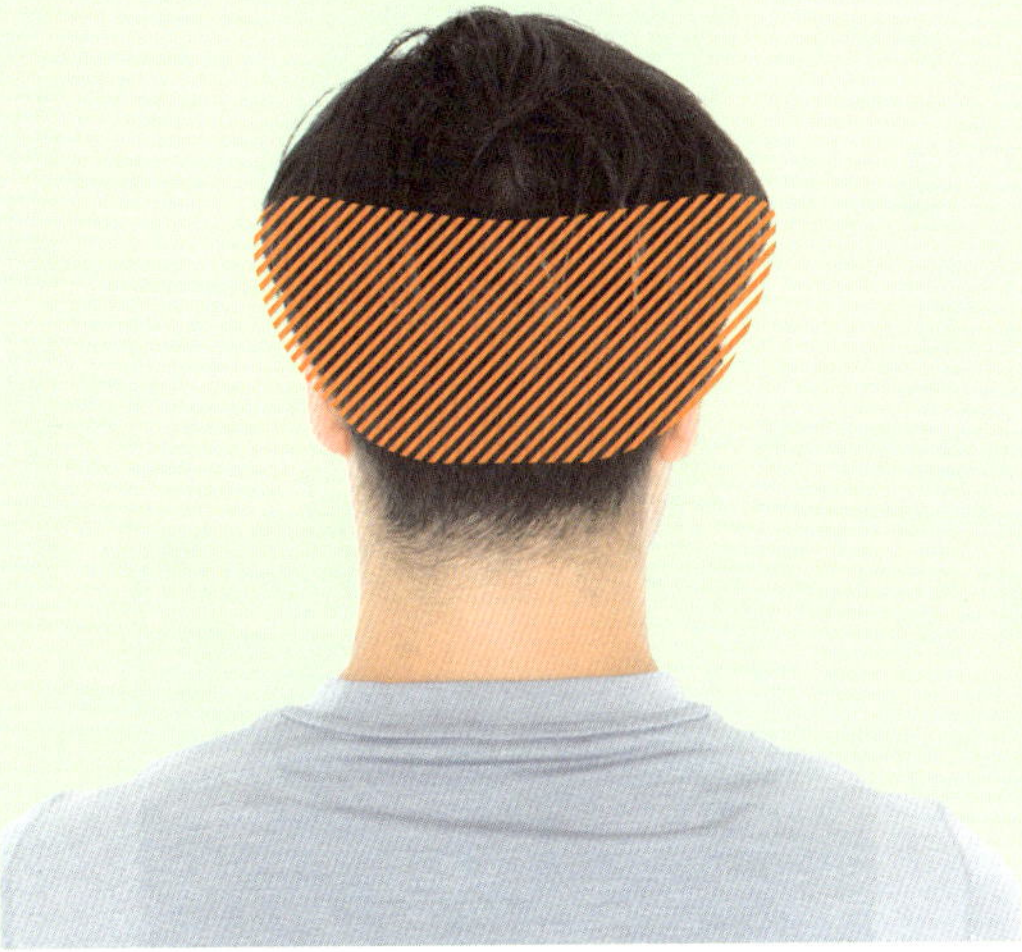

ここをチェック

- グリグリと圧を加えたときに、痛みが出ないことが目標
- 皮膚に強い摩擦がかかるほど強く動かさないように注意

膚が痛みなくつまめるかもチェックしてください。つまめない場合は、疲労により固さが出ていることを意味します。

呼吸の深さ

横隔膜と内臓の状態をチェック

CHECK

腹式呼吸をする要領で鼻から息を吸い、お腹と腰の動きをチェックする

右側を下にし、軽く股関節とひざを曲げて横向きに寝た姿勢で行う。手のひらを腰と骨盤の境目に当てて、腹式呼吸をする要領で鼻から息を吸い、呼吸の深さをチェック。

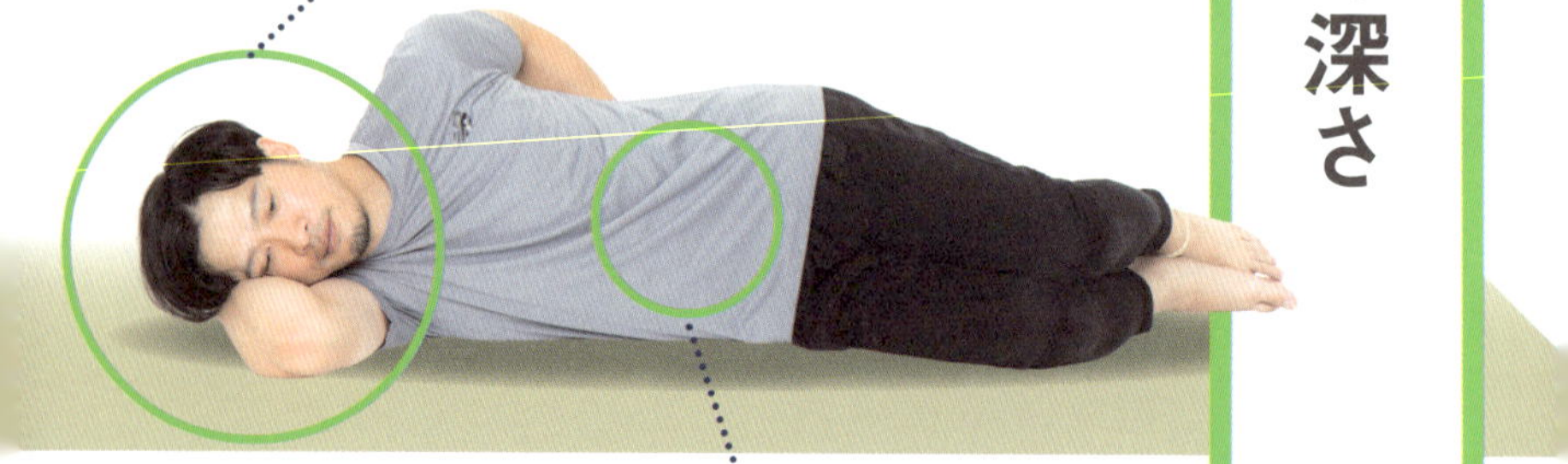

右手で腕枕をして頭が傾かないようにする

お腹と腰を同時に膨らませるように

呼吸の深さはお腹や腰の固さ、そして横隔膜の衰えを反映します。

ここでは深呼吸する際にお腹だけでなく、腰も膨らませることができるかをチェックします。それができれば深い呼吸ができているというこ

動画はこちら

POINT

手のひらで腰の動きを感じとる

腰まで膨らめば深い呼吸ができている。
腰を膨らませられるようになったら、
背中も膨らませられるようにチャレンジ。
ちなみに、背中まで膨らませることを「完全呼吸」と言い、
横隔膜をより強烈に収縮させる呼吸法となる。

お腹に力を入れることで
腰を動かしたりしないように注意

と。

この呼吸法は「腰腹呼吸」（148ページ参照）といい、重要なリカバリートレーニングでもあります（後ほど詳しく紹介します）。

ここをチェック

- **つまり感がなく、気持ちよく吸い切ることが目標**
- **胸は膨らまず、お腹と腰が膨らむこと（脇腹は膨らんでOK）**

フェーズ1をはじめる前に、「呼吸」のポイントを押さえよう

これから解説するフェーズ1をはじめ、フェーズ2、3はいずれも呼吸を重視します。**呼吸には身体の内側から動きを生み出し、固まっている部位を効率的にほぐし、整え、鍛える作用がある**からです。

リカバリートレーニング時の呼吸は、特に指定がない限り、**「腰腹《こしはら》呼吸」**で行ってください。この呼吸は**息を吸ったときにお腹だけでなく腰も膨らませる呼吸法で、鼻から息を吸って、鼻から吐くのを基本**とします。横隔膜をしっかりと働かせることができるため、身体の内側から働きかける作用が向上します。

むずかしければ「腹式呼吸」で行ってもかまいませんが、最終的には必ず腰腹呼吸を習得しましょう。

呼吸時の胸腔の動き

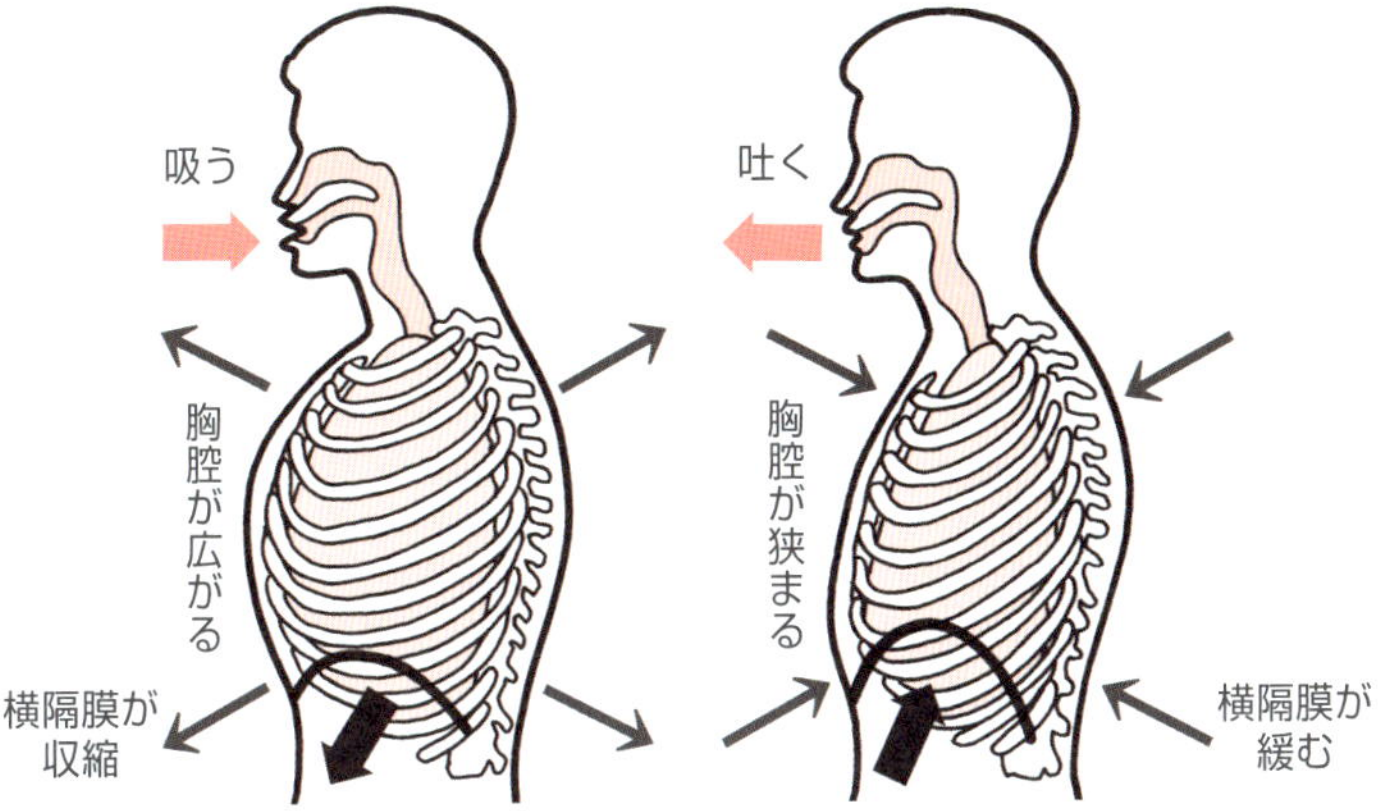

息を吸うとき → 横隔膜が縮んで下がる（肋骨が閉じて下がる）
息を吐くとき → 横隔膜が緩んで上がる（肋骨が開いて上がる）

「呼吸で腰が動くはずがない」と思いますか？

もしチャンスがあれば、赤ちゃんや子ども（低学年くらいまで）が呼吸している様子を観察してみてください。呼吸時に腰や背中が動くのがわかるはずです。

私たちの身体は息を吸うことにより横隔膜が収縮すると、下方向へと圧がかかります。この圧によってお腹が膨らむのが腹式呼吸の仕組みです。

しかしこの圧は、お腹が動く方向

（前方）だけにかかっているわけではありません。**横（脇腹）にも、後ろ（腰）にも、内側から広がろうとする圧がかかっていて、本来は腰も膨らませることができます。**

にもかかわらず、大人になるにつれ腰が固まってしまうなどの原因により、脇腹はともかくとして、腰はほとんどの人が膨らませることができなくなってしまいます。

また、腰には骨盤があり、その上には腰椎が立っています。そして、その周囲は分厚い筋肉群で覆われているため、お腹に比べて圧倒的に膨らみにくい構造をしています。それゆえ、お腹と同じ程度の圧が内側からかかっても腰は膨らみにくく、ほとんどの場合はお腹だけが膨らむ腹式呼吸になっています。

腹式呼吸ができることは非常にメリットが多いのですが、スポーツにおける回復能力を高めたり、パフォーマンス向上のために腹圧を高めたりすることを目的とする場合、それだけでは不十分です。

お腹は膨らむのに、腰は膨らまない場合、腰が固まっています。その原因として、

■腹圧が不十分　⇓腰椎不安定を腰の緊張で補う

■横隔膜の働きが低下　⇓筋力低下や固さにつながる、または内臓が固い

などが考えられ、ケガや故障を引き起こしたり、パフォーマンスの低下につながったりします。

呼吸（横隔膜の収縮に伴う腹腔への圧）によって腰も膨らむ状態、つまり腰腹呼吸を獲得することをぜひ目標にしてください。

フェーズ1

爪わきをほぐし
経絡の
流れを改善

爪わきほぐし（手足の指の井穴）

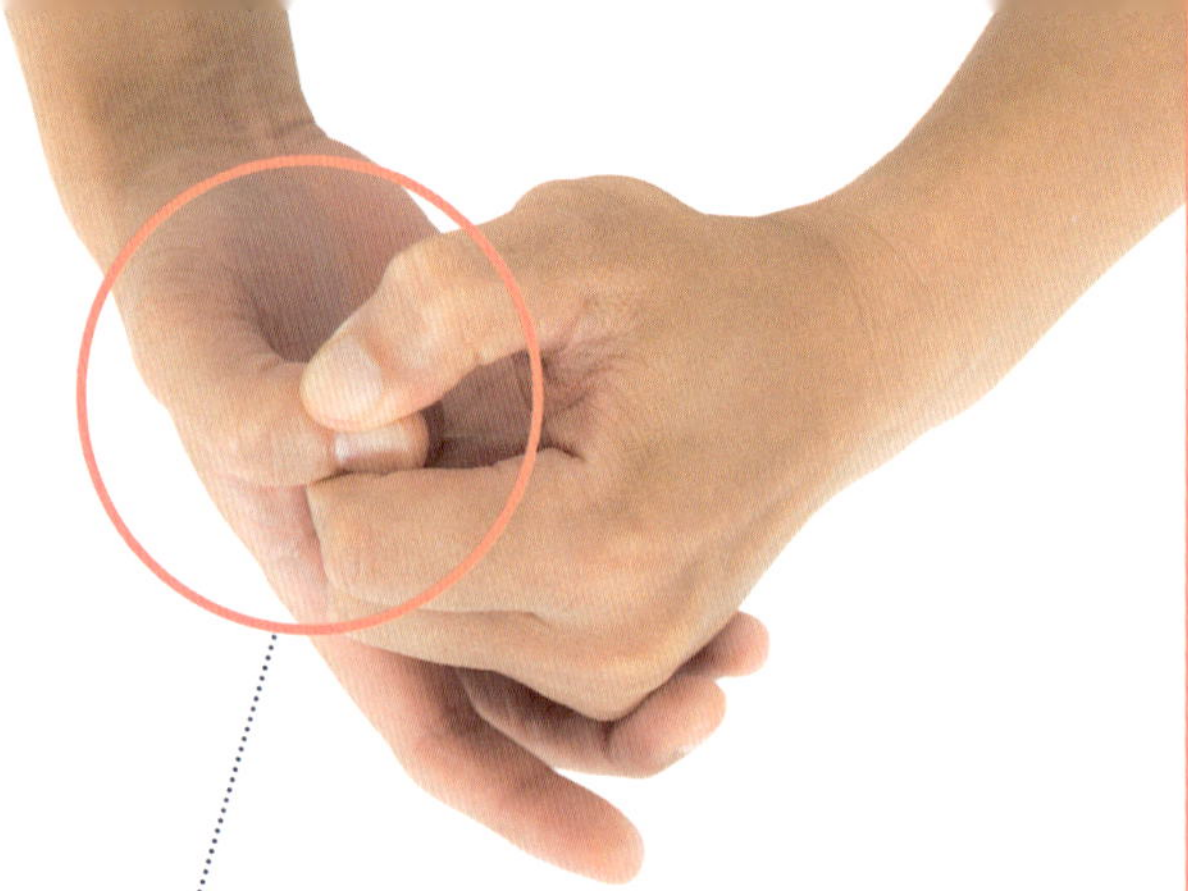

圧迫するポイントは爪の生え際の角。
押さえる指の形はやりやすい方法でOK

1 手からスタート。爪の両わきを手で押す

まずは手の指から行う。爪の両わきを
じんわり深く圧迫してからグリグリほぐす。
各指10秒、2周を目安に全部の指を行う。

手足の爪の両わきは経絡がはじまるポイント。身体の各部位にリンクしているので、爪わきを圧迫したときに痛みがある場合、その指に該当する経絡上に問題が生じていることを表します（123ページ参照）。

不調が起きても解消しやすい状態をつくるため、すべての指がターゲットです（ただし、足の中指には経絡が通っていないので、やらなくてOK）。痛みがない指もグリグリやって、常に経絡をよい状態に保ちましょう。

動画はこちら

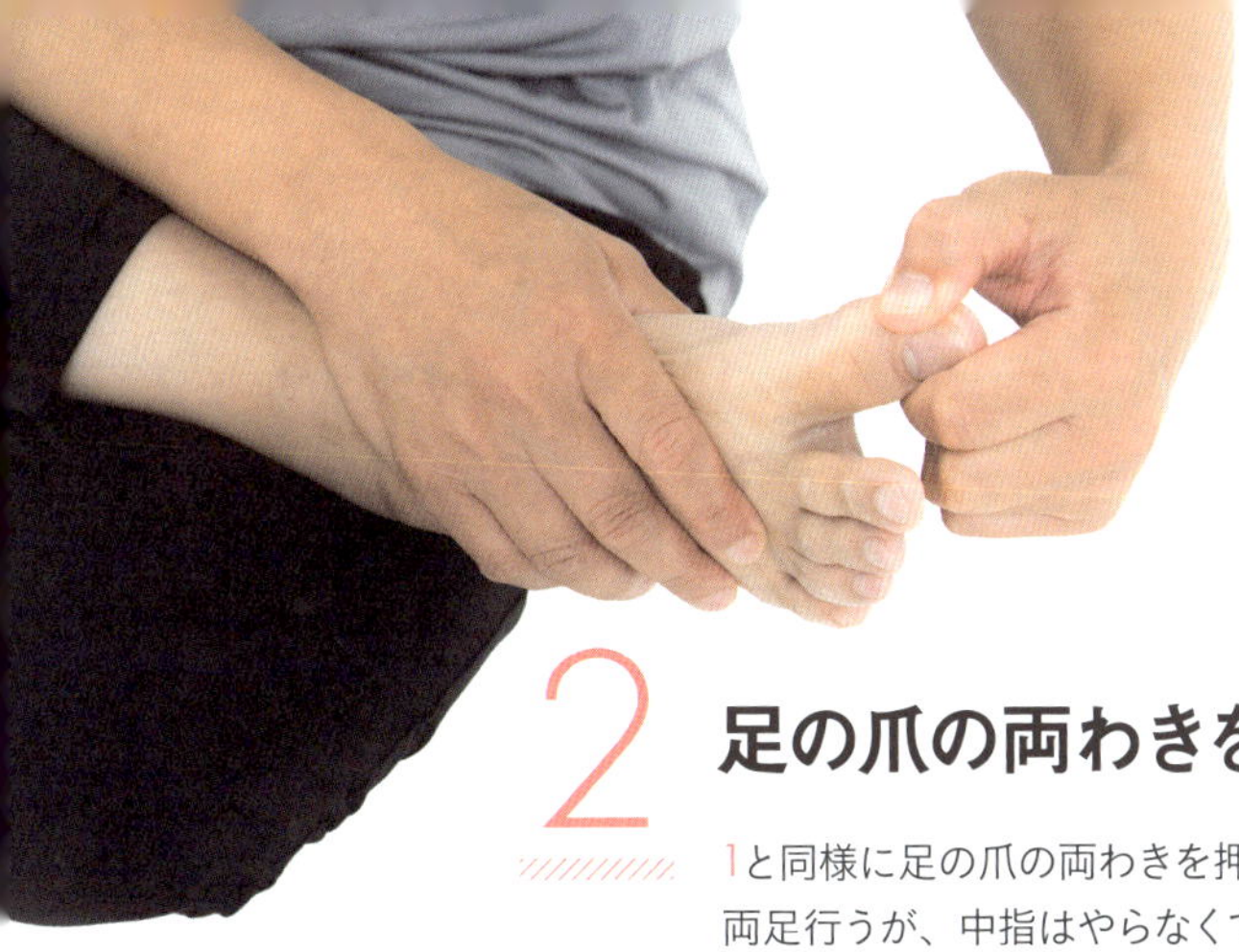

2 足の爪の両わきを押す

1と同様に足の爪の両わきを押す。
両足行うが、中指はやらなくてOK。
各指10秒、2周を目安にグリグリほぐす。

POINT

痛みがとれない場合どうする？

痛みがなかなかとれない場合は次の指に進み、左右・手足のすべての指を終えてからまた行う。
それでもとれなければいったんそのままにしておき、ほかのトレーニングを行った最後にもう一度。それでもとれない場合は、経絡エラー（爪わきの痛み）がほかの部位から影響を受けていると考え、別のアプローチを検討する。

✔ 肩や手首が力まずに押さえられる姿勢で行う

ここをチェック

- 各指約10秒、それぞれ2周を目安に行う
- 飛行機で移動中など、長時間同じ姿勢を保持する場合は特にしっかり行う

お腹ほぐし

1 仰向きに寝て、お腹を9区画に分けてほぐす

お腹を9区画に分け（133ページ参照）、固いところを見つける。息を吐きながらそれぞれの部位に指を深く押し込み、腹式呼吸で鼻から息を吸いながらお腹を膨らませて押し返す。

鼻から息をゆっくり吐きながらお腹をへこませる
鼻から息を吸ってお腹を膨らませ、指を押し返す
指の力は抜かず、抵抗をかける
両ひざは立てる

POINT
フェーズ0「お腹の固さ」と同じ動きだが、それが単なるチェックなのに対し、フェーズ1では自ら意識的に押し返すのがポイント。これがトレーニングになる。

お腹の固さはおもに内臓疲労の状態を表します。固いところを見逃さないために、お腹を9つの区画に分けて、1区画ずつていねいにほぐすのがポイント。内臓を柔らかくすることで血流がアップします。毎日繰り返すことで固くなりやすい区画がわかりやすくなるので、そこを重点的にほぐしましょう。

固さがなかなかとれない場合や、固さを繰り返す場合は、食事習慣を見直す必要性もあります。

動画はこちら

2 へそ下3区画をさらに押す

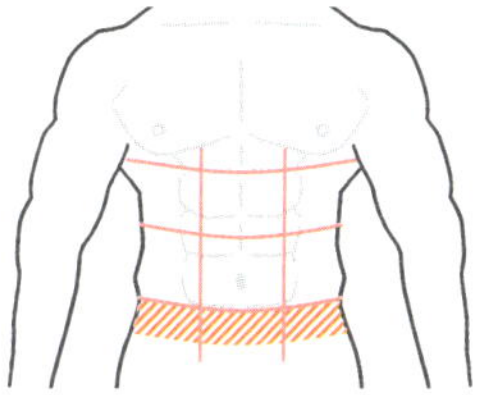

スポーツ選手は特にへそ下の3区画が固くなりやすいため、特に重点的にやること。ほかの部位より深くまで押し込める柔らかさと、指が入らないほど膨らませられる強さがほしい。

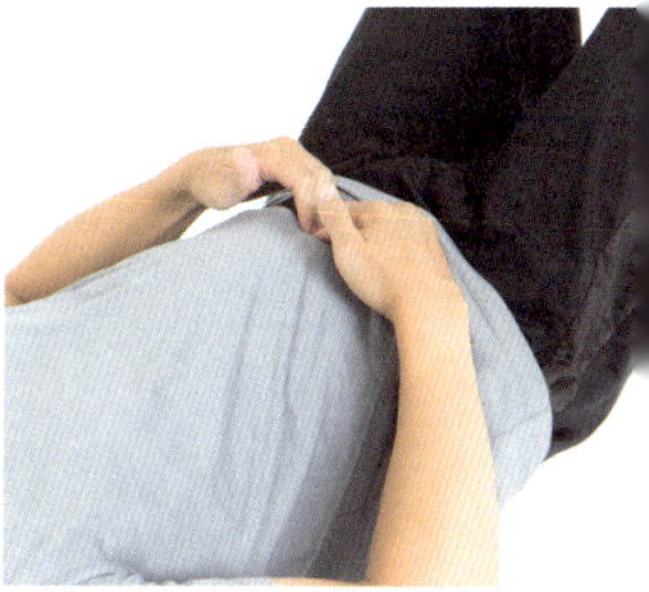

3 へそ上の中央ラインをつまむ

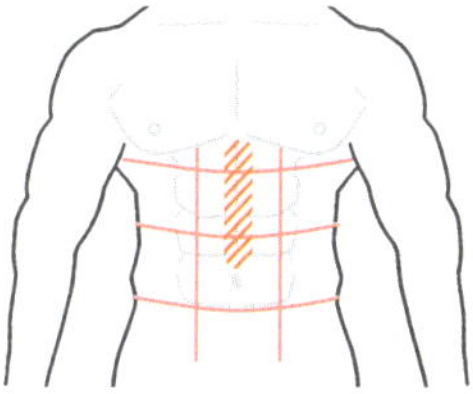

へそ上の中央ラインは自律神経節が並んでいるので、皮膚も重要なターゲット。縦や横につまんでほぐす。つまむと痛みが激しい場合は、軽くつまんだまましばらく待ってから離す、を繰り返す。

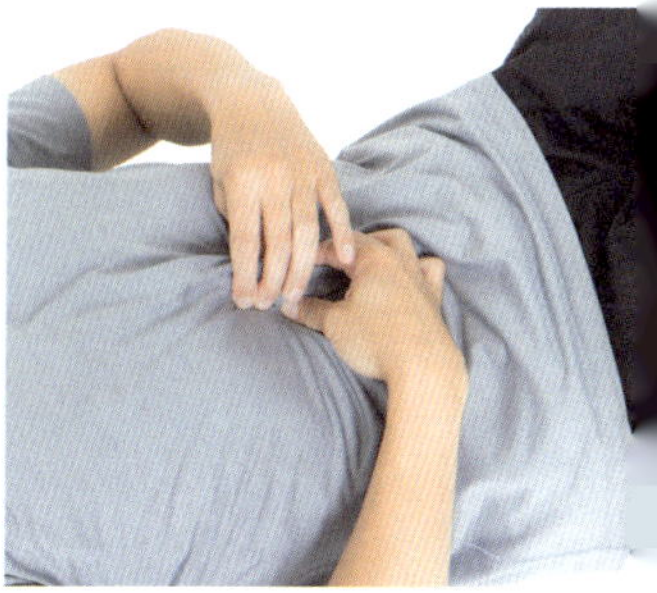

ここをチェック

- お腹の厚みの半分まで
  痛みなく指を押し込めることが最低ライン
- 指で押し込めないぐらい、
  しっかりお腹を膨らませられるのが目標
- 指で力ずくでほぐすのではなく、
  呼吸と組み合わせた圧（押し返し）でほぐす

フェーズ1

肋骨をほぐして胸郭の柔軟性を上げる

肋骨ほぐし

1 左手のひらを左脇腹に当て、じんわり押し込む

側屈を使って肋骨の間をゆるめる。どちら側から行ってもOK。

親指の位置が上にくる
力を加えるのは手のひらの小指側

赤ちゃんや動物など、回復力が高い身体は肋骨と肋骨の間にある筋肉が柔らかくずれ合うことができ、肋骨がグニャグニャといっていいほど柔らかく、しなやかです。

このトレーニングは、肋骨をほぐして胸郭の柔軟性を高めることで、本来持っていたしなやかさを取り戻すのが目的。圧を加えながら動くことで、効率よく骨に力が加わり、動きの改善が起こりやすくなります。

疲労が溜まっているときは肋骨が固まり、呼吸はもちろん、腹圧の維

動画はこちら

2 押さえている側の肩を大きく後ろに回す

1の状態のまま、左肩をゆっくり後ろに回す。
5回ほど回したら、手の位置を少しずつ変えながら
肋骨全体をほぐす。手の位置を変えることで、
さまざまな角度からほぐせる。反対側も同様に行う。

肩を回している間も
肋骨に加えている圧が
抜けないように注意
肩はゆっくり
回すこと

ここをチェック

- **片側だけ行って、体幹の左右への捻りやすさを比較すると、変化がわかりやすい**
- **ふだんから肋骨がずれ合って動く感覚に意識を向けておくと、固くなりにくい**

持や体幹の柔軟性にも影響が出ます。特に寝る前の状態としても肋骨が柔らかいことはとても重要です。

フェーズ 1

回復能力を向上するための核心部分

横向き腰腹呼吸

1 右側を下にして寝る

軽く股関節とひざを曲げて横向きに寝る。
右側を下にするのは、左側を下にした状態が長時間続くと心臓が圧迫されるため。

右手で腕枕をして、
頭が傾かないようにセッティング。
枕やクッションを置いてもOK

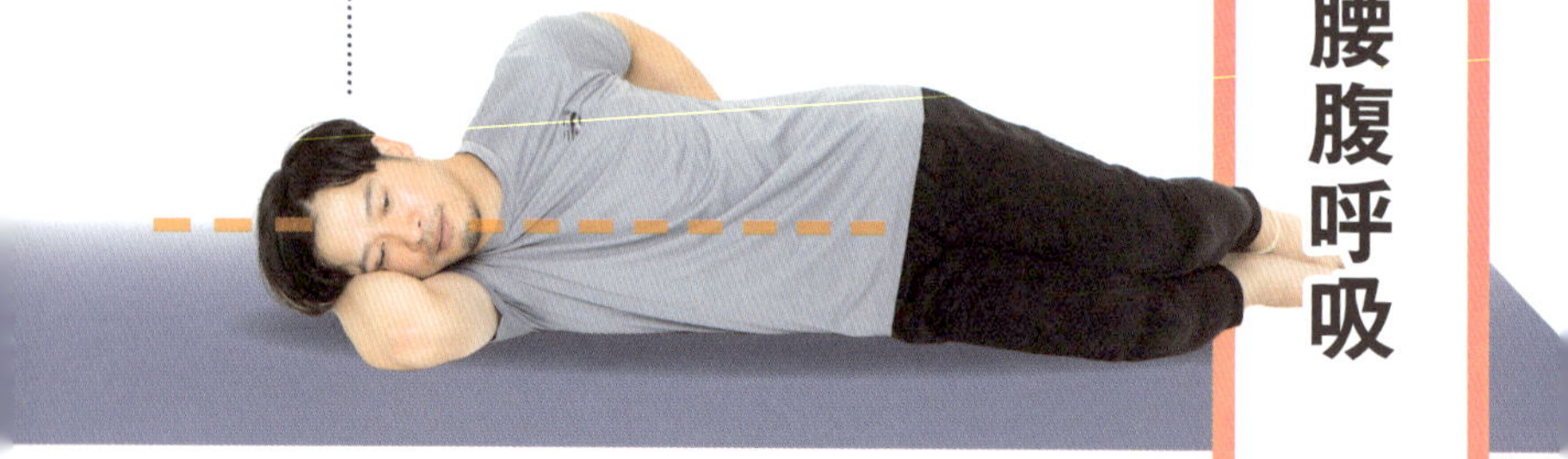

腰腹呼吸は内臓を直接マッサージできる唯一の筋肉である横隔膜の動きが高まり、回復能力をはじめ、多くのメリットが得られる呼吸法です。

ここでは横向きでの腰腹呼吸を練習。横向きになることで腰に余計な力がかからず、腰の動きがわかりやすいやり方です。

腰を膨らませようとする際に、力んでしまうことがあるので注意。その場合は、手でさすることで力を抜きやすくします。慣れてきたら座っ

動画はこちら

2 鼻から息を吸いながら、腰とお腹を膨らませる

左手で腰の動きを確認し、固さや力みがあるなら
ときどき手のひらで腰をやさしくさすり、軽減させる。
口から息を吐くが、力んでしまう場合は鼻から吐いてもOK。

POINT

フェーズ0「呼吸の深さ」と同じ動きだが、それが単なるチェックなのに対し、フェーズ1では自ら意識的に膨らませようとすることでトレーニングになる。

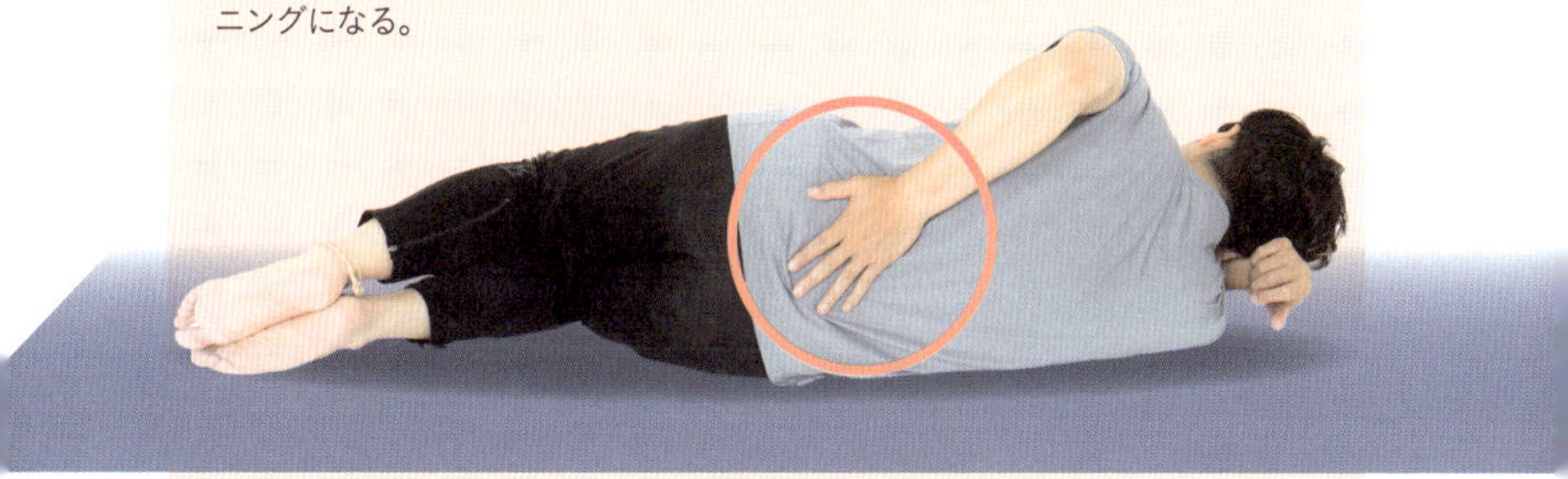

ここをチェック

- 腰が内側から押し広げられている感覚を追いかける
- 腰が動く感覚がわかったら、動きを少しずつ大きくしていく
- 朝ベッドから立ち上がる前の習慣にすると取り組みやすい

た状態や立った状態でも行うなど、空き時間を見つけてどんどんやりましょう。

左鎖骨下ほぐし

1 鎖骨下をやさしくさすってほぐす

左鎖骨下のくぼみを中心に皮膚表面をやさしくさすり、徐々に圧を加えて筋肉をほぐす。左腕を上げた状態でも同様に行うなど、変化をつけるとよりほぐれる。

指の力は抜かない
手は小刻みに動かす

左鎖骨下の静脈には最終的に全身のリンパ液の4分の3が流れ込むため、固さがあるとリンパの流れが妨げられます。回復能力に大きく関与するので、左鎖骨下は常に柔らかく保ちましょう。

皮膚の下の組織が固まると皮膚も一緒に固まるので、ほぐすときは皮膚もセットで行う必要があります。ポイントはさすってほぐすだけでなく、皮膚をつまむこと。それにより皮膚

動画はこちら

2 1と同じ場所の皮膚をつまむ

1と同じ場所の皮膚をやさしくつまみ、
指先を動かしながらほぐしていく。
皮膚をつまんだまま腕をゆっくり回すのもおすすめ。

皮膚と筋肉の間に隙間をつくるイメージで
指先でじんわりつまむ。強くつまんだり、こすらない

ここをチェック

- 少し温かくなる感じがするまで行う
- 余裕があれば右側も同じように行う

が大きく動かされ、より大きくほぐすことができます。皮膚をつまむ際は、皮膚と筋肉の間にすき間をつくるようなイメージで行いましょう。

目・耳ほぐし

耳と頭蓋骨（側頭骨）の間にすき間をつくるイメージ

1 耳を3方向に引っ張る

耳の上・中間・下を持ち、それぞれ3方向に引っ張る。一方向につき5秒ほど力を加えて離す、で1セット。3〜5セット行う。耳だけでなく、耳と頭蓋骨（側頭骨）の間をほぐすことが肝心。

- じんわり＋少しずつ行う
- 呼吸は止めないこと。呼吸には緊張を解除する作用がある

POINT

耳を3方向に動かす方法

①上部分　上→横→下
②中間部分　上→横→下
③下部分　上→横→下

それぞれの部分に対して、
上、横、下の3方向に引っ張る。

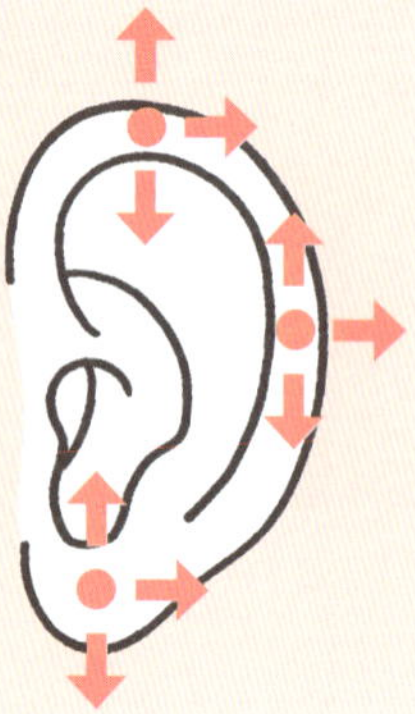

動画はこちら

- 親指以外の指を使い、少しずつ圧を加える
- 眼球の出っ張りを奥に沈めるイメージ

2

目の周辺をじんわり、少しずつ圧迫する

呼吸をしながら眼球をやさしく押さえる。
圧迫して血流をいったん意図的に妨げ、手を放して解放。
一気に流すことで血流を改善する。
5秒ほど力を加えて離す、で1セット。3～5セット行う。

ここをチェック

- **目も耳も5秒ほど力を加えて静かに指を離す。3～5セット行う**
- **手を離したときに血流が戻ってくる感覚を追いかける**

目や耳には脳へとつながる神経、その周りには頭部や首につながる筋肉が多く集まっており、これらが緊張することで頭痛や脳疲労につながります。特にやっかいなのは目や耳の緊張により、頭蓋骨の奥にある「蝶形骨《ちょうけいこつ》」も固まってしまうこと。すると神経全体に緊張が伝わり、全身の不調を引き起こしやすくなります。

後頭部・側頭部ほぐし

1 後頭部と側頭部にじんわり圧を加える

手の位置を変えながらターゲット（135ページ参照）全体に圧を加えていく。
「後頭部・側頭部の固さ」（134ページ参照）より圧をかける時間を長くするイメージで。
頭皮はこすらないこと。

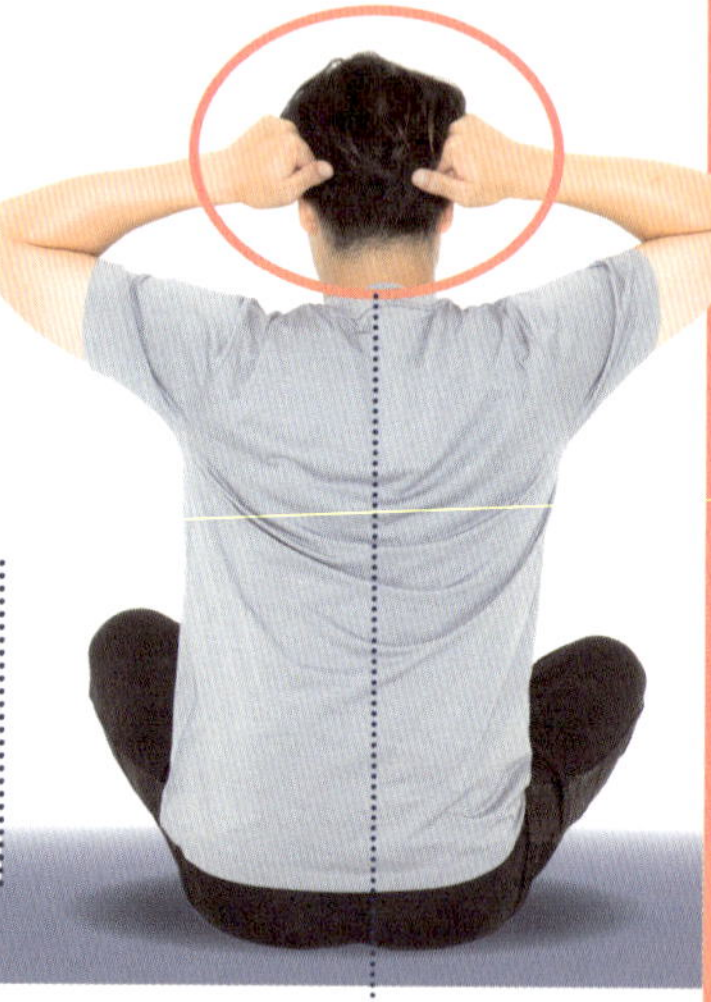

✔ 指を折り曲げ、第2関節を使う

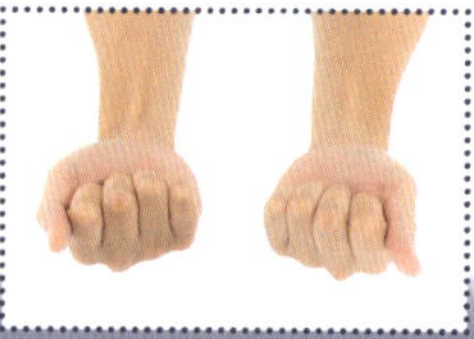

✔ 手は頭に固定させたまま、腕全体を動かす

手を動かし皮膚をこすっても、内側（深部）に圧が届かない。

さまざまな疲労で固くなりやすいのが後頭部と側頭部。その固さをじんわりと圧を加えたり、つまんだりしながらほぐすトレーニングです。頭蓋骨は徐々に下方にずれて固まっていくため、元に戻すようなイメージで引き上げるのもおすすめ。

動画はこちら

2 頭皮をつまんでほぐす

疲労や血流の低下は皮膚に反映される。
よって、皮膚の固さもしっかりほぐしておく。
頭皮は首の皮膚ともつながっており、影響関係にあるので、首までしっかりほぐしておきたい。

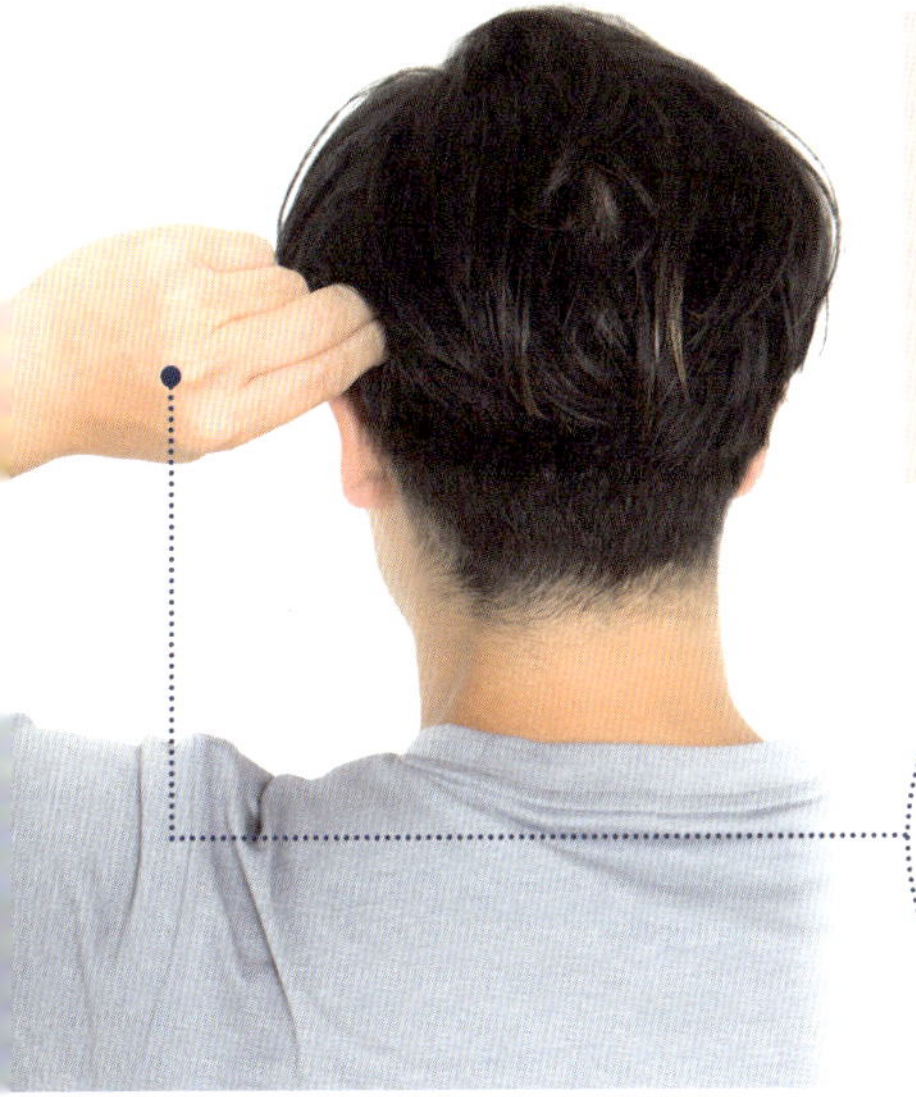

POINT

フェーズ0「後頭部・側頭部の固さ」とほぼ同じ動きだが、それが単なるチェックなのに対し、フェーズ1では皮膚をつまんでほぐすことでトレーニングになる。

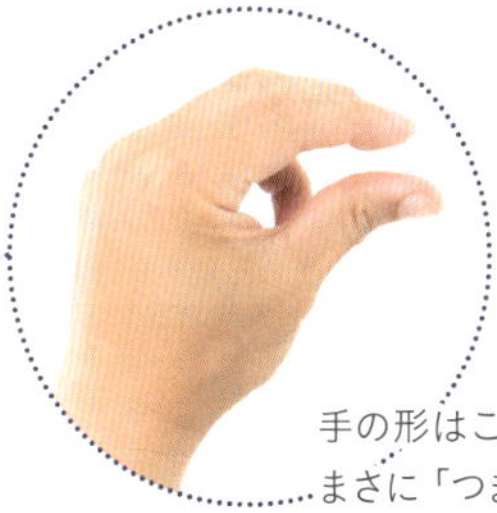

手の形はこんな感じ。
まさに「つまむ」ように。

このトレーニングでは圧を加えることで頭の深部の固さを、つまむことで皮膚に反映された疲労や血流の低下を改善するのが目的。

ここをチェック

- **圧をかける、つまむの両方で痛みが出なくなるのが目標**
- **頭や視界がスッキリする感覚を追いかける**

フェーズ1

脚の疲労、全身の循環状態を改善

ふくらはぎほぐし

1 皮膚をつまんでほぐす

ふくらはぎの皮膚をつまみ、指をずらすように動かしてほぐす。最初は縦つまみ、ゆるんできたら横つまみへと移行させ、ていねいにほぐす。

ふくらはぎ側だけでなく、すね側までまんべんなく行う

縦つまみ

筋肉の向きに沿ってほぐす。手の使い方はこんな感じ。

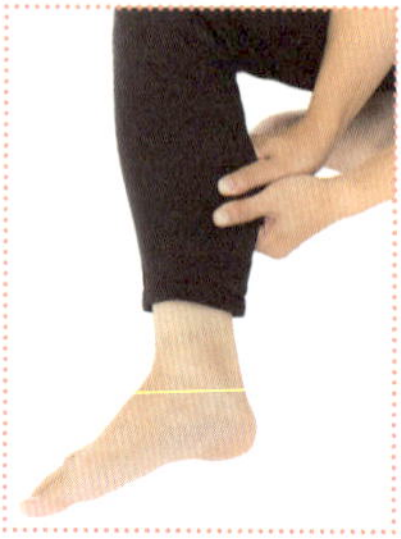

横つまみ

筋肉の向きと垂直にほぐす。手の使い方はこんな感じ。

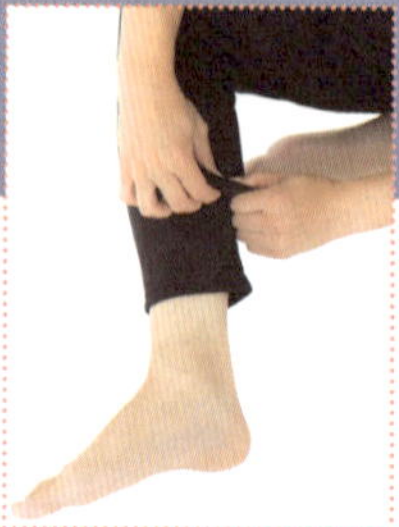

「第二の心臓」と呼ばれる循環のカギとなるふくらはぎをしっかり、ていねいにほぐすことで回復能力が向上します。

どこまでていねいに行うかというと、ふくらはぎを9つの区画に分け、さらに

動画はこちら

2 「ふくらはぎの9区画」に沿って圧をかける

9つの区画（131ページ参照）それぞれに圧をかける。
片方の脚にもう片方の足首をひっかけた状態のまま
体重をのせて圧をかけ、そのまま腰腹呼吸を3回。
各区画で行う。

床から手を離しても
痛みがなく、
正座できるかが指標

圧をかけたい区分に
足首から前すねが
当たるように
ふくらはぎを引っかける

縦にも、横にもつまんでほぐします。こうすることによりほぐしもれがなくなります。

ここをチェック

- **すねの骨がくるぶしに沈み込む感覚を追いかける**
- **床から手を離しても痛みがなく、正座できるとよい**

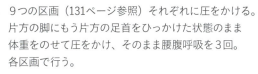

フェーズ0を行うベストなタイミングとは？

フェーズ0、フェーズ1のトレーニングをやってみていかがでしたか？

これらのトレーニングは回復能力を高める下地づくりとして非常に重要なだけでなく、その日の疲れを改善する作用もあります。回復行為としてもとても有効なので、**疲れている・いないにかかわらず、次のタイミングで必ず毎日行うことをおすすめ**します。

- **就寝前と起床時**
- **練習前**
- **リカバリートレーニングの前後**

それぞれの理由を説明しましょう。

理由1　就寝前と起床時は疲労状態がわかりやすい

睡眠には疲労を回復させる大きな役割がありますが、実は眠りに入る前の状態がとても重要です。身体に「固さ」が残ったままだと疲労回復が起こりにくくなります。よって、就寝前のチェックは重要。固さを感じたら、フェーズ1に取り組むのもおすすめです。1日の最後は「固さ」のない身体を目指しましょう。

一方、起床時は現状の疲労回復能力がわかりやすいタイミングでもあります。起床時に「固さ」があるということは、就寝時に「固さ」が放置されたことを意味するからです。

そのため、起床時や就寝前はフェーズ0でチェックすることをおすすめしています。

理由2 練習前はケガを予防するため

疲労が残った状態で練習に入るとケガのリスクが高まります。そこで、練習前に現状を把握することで、ケガを防ぐための意識づけをします。

違和感や固さを感じたら、フェーズ0の後にフェーズ1、さらに後に紹介するフェーズ2、3を行うことをおすすめします。

その日の運動でさらなる疲労が蓄積するのを防ぐほか、パフォーマンス向上の下地づくりになります。

理由3 リカバリートレーニング前後で身体の変化を確認

これにはリカバリートレーニングの効果を確認する意味があります。

フェーズ1、この後に紹介する2、3を含め、リカバリートレーニングを行う際は、前と後にフェーズ0のチェックを行うと、身体の変化を確認しやすくなります。

＊

回復能力を順調に向上させるには、そもそも疲労を溜めないことが不可欠です。練習や日常生活で疲労することは避けられません。ですが、現状を把握し、状況に応じたリカバリートレーニングを取り入れることができれば、少なくとも蓄積させることは避けられます。

そのためにも、フェーズ0はリカバリートレーニングにおいて重要な意味を持ちます。**チェック機能でありながら、トレーニングの基礎でもある**のです。

自分の身体の状態を常に把握することは、回復能力の向上はもちろん、パフォーマンスの向上のためにも非常に重要です。

COLUMN

「上実下虚」とリカバリースキル

東洋医学の概念を知ることで、リカバリースキルへの理解がより深まると思います。

「上実《じょうじつ》下虚《かきょ》」とは、東洋医学で健康状態や身体のバランスを表す概念のこと。上半身に余分なエネルギー（実）が溜まり、下半身にエネルギーが不足している（虚）状態を指します。

上半身に余分なエネルギーが溜まると、頭痛、めまいなどが起こりやすくなります。一方、下半身にエネルギーが不足すると、冷え性、足のだるさ、腰痛などが現れやすくなります。

簡単に言うと、上実は上半身に血流が滞り、下虚は下半身の血流が低下した状態。そうなると頭がのぼせて、脚が冷えるといった、いわゆる「冷えのぼせ」のような感じを覚えます。

疲労が蓄積すると上実下虚に傾く

このような上実下虚の状態は、疲労の回復や回復能力の向上を妨げます。

下半身の血流が不足した状態により酸素や栄養素の供給が滞り、代謝が低下し、老廃物の排出も遅くなるのです。結果として、疲労物質が体内に溜まりやすくなります。つまり「循環」が低下している状態です。

このような状態に陥る理由はさまざまですが、まず感情の偏りが大きな原

[redacted]

因になります。「頭に血がのぼる」という表現があるように、長期間の精神的ストレスや怒ってばかりといった感情の偏りは、上半身、特に頭や胸にエネルギーが集中します。そうなると上実の状態が生まれやすくなり、相対的に下半身に下虚が生まれます。

一方で、加齢や運動不足などで下半身の筋力が衰え、血流が低下することで下虚になります。デスクワークで長時間座っていることや、いわゆる冷え性も同じです。

つまり、本書で解説しているようなさまざまな種類の疲労が解消されないまま蓄積すると、私たちの身体は「上実下虚」の状態になっていくのです。

さらに、練習やトレーニングによっても上実下虚になることがあります。たとえば、複雑な戦術練習や慣れない動きを要求されるトレーニングなど、いわゆる頭を使う運動を長時間にわたって繰り返すケースなどです。

いずれにしても「上実下虚」は必要な場所に必要なエネルギーが不足している状態なので、疲労回復能力は高まりません。

第 5 章

「リカバリートレーニング」の核心を知る〈発展編〉

5

▼お腹と腰を膨らませるメリットとは？

第3章でもお伝えしましたが、横隔膜にはさまざまな作用があります。

- **体幹内部の運動を促すことで体幹部分が安定し、立位姿勢も改善する**
- **大腰筋（背骨と太ももをつなぐ筋肉）や腹横筋（お腹周りをコルセットのように囲む筋肉）と協力して働き、腹圧を高める**
- **呼吸による内臓マッサージで、循環をよくする**

横隔膜を使えているかどうかは、呼吸のときにわかります。**お腹と腰を大きく膨らませることができれば、横隔膜を使えています**（フェーズ0「呼吸の深さ」はそのためのチェックです）。

お腹と腰を膨らませる呼吸には横隔膜の強度と柔らかさ、そもそものお腹と腰の柔らかさが必要です。それらを取り戻すために横隔膜を鍛える必要があり、横隔膜は呼吸でしか鍛えることができません。

よって、**フェーズ3は呼吸法を中心としたトレーニング**になっているのです。

現代では、ふつうに生活しているとお腹や腰を膨らませる動作、つまり体幹内部をしっかりと使う運動は非常に少なくなっています。

かつては農作業などで重い荷物を日常的に運んでおり、その際、腰を痛めないために、無意識にお腹や腰を膨らませて腰を守るという動きをしていました。

着物を着るときも同様です。お腹や腰を膨らませることで、帯がゆるまないようにしていました。

このような膨らませる動き（わかりやすく言うと、丹田と呼ばれるへそ下への意識）が日常動作にあり、特別なトレーニングをしなくても腹圧を扱えていたことが推測されます。

昔に比べ、現代は重いものを持つなどの肉体作業は相当減っているので、**腹圧が使えない人（腹圧を使いつつ動く動作様式を身につけていない人）が増えています。**

さらに「お腹が出ているのは悪」という価値観（美意識）が一般的になり、お腹を膨らませることを避け、むしろへこませる風潮が根づいています。

しかし、実際にトップアスリートの肉体を目の当たりにしてきた私からすると、お腹が柔らかいトップ選手は非常に多く、そういった選手は例外なくお腹や腰を大きく膨らませて動かすことができます。

胸や肩にたくさん筋肉がついたシックスパックの逆三角形の体型で、お腹や腰が破裂しそうに感じるほど膨らませられる人はどれだけいるでしょうか。

目指すべきはシックスパックという外見ではなく、**お腹や腰を大きく膨らませることができるほどの横隔膜の強度と柔らかさ、そもそものお腹や腰の柔らかさです。**

フェーズ3のトレーニングは、腰腹呼吸の習得を前提に、よりさまざまなパターンで横隔膜を鍛える内容になっています。

パターンを変えることで、横隔膜への高い負荷だけではなく、力の抜き入れなど細かいコントロールが要求されます。見た目は地味かもしれませんが、真剣にやるとかなり負荷を感じるはずです。

横隔膜のコントロールが的確にできるようになると、さまざまな姿勢や動作の中でふだんから腹圧が働きやすくなり、体幹が安定します。それにより身体の余計なところを力ませる必要がなくなり、疲労が抜けやすくなります。

ネコモド

1 うつぶせに寝て、片脚のひざを曲げる

ひざの位置をできるだけ前にセットすると安定しやすい。両手のひらは重ねてあごの下へ。こうすることで、さらに上半身が安定する。

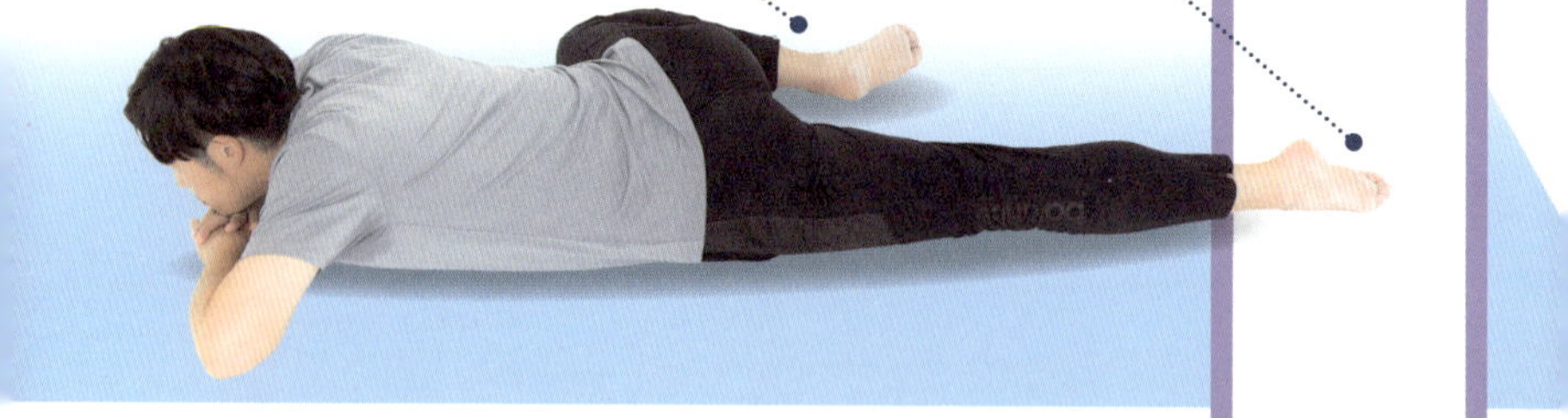
足首はリラックス
後ろ側のつま先は立てない

自律神経の影響で固まっていることが多い胸椎の状態を整えます。胸椎は背中の上半分を占める位置にあるので、捻った状態で内側から広げる（背中・胸を膨らませる）ことでより効率的にストレッチがかかるほか、肋間筋を内側から広げる作用も得られます。

うつぶせに近い状態をとることでバランスが安定。さらに片脚を曲げているので上半身の捻りに対して下半身も安定し、力みを抜きやすいやり方になっています。

動画はこちら

2 1の状態のまま、曲げた脚と反対側に胸を捻る

身体の下から腕を反対側に伸ばし、側頭部を床につける。
腰腹呼吸でお腹と腰、さらに胸と背中も膨らませるイメージで深呼吸を繰り返す。息を止めてしまったり、
力みが起こったりするので、脱力することを優先しながら無理のない範囲で。逆側も行う。

- できるだけ力を抜き、呼吸は止めないこと
- 腰とお腹、さらに胸と背中も同時に膨らませる

POINT

曲げた脚と反対側の手で床を押して、強度を調整。上体を捻るほど強度が高くなる。

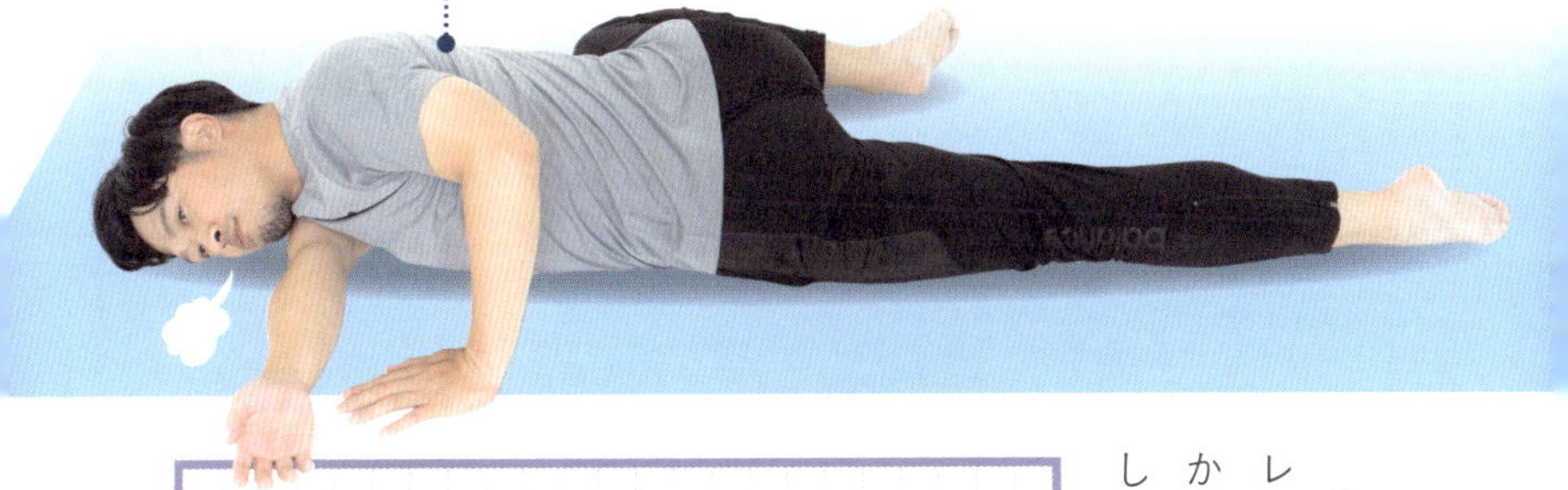

ここをチェック

- うまく脱力できると、背骨が沈む感覚が起こる
- 左右差があるときは、やりにくいほうを多めに行い、差を解消する

胸椎が固まっている人は多く、トレーニング開始初期はきつく感じるかもしれませんが、継続的に行いましょう。

胸骨握り解放

1 両手で胸骨をじんわり握り、左右に小さく動かす

胸骨をじんわり握り、圧を加えた状態で
鼻から息を吐きながら10秒間動かす。
左右に小さく、ゆっくり動かし、
肋骨に置いた指が溝からずれない範囲で行う。

肩が力んで、上がってしまわないように注意
手のひらで胸骨をつかむようなイメージ

POINT
肋骨と肋骨の間の溝に指を沈ませるようにすると、胸骨を握りやすく、動かしやすい。

胸骨とは胸の前側中央にある縦長の平らな骨のこと。ここに指で左右から圧を加え、解放することで固さを改善していきます。
自律神経や精神面に問題を抱えると胸骨が固まりやすく、呼吸が浅くなることにも関係

動画はこちら

2 息を吐きながら、両手を離して解放する

口から一気に息を吐くと同時に、
そっと両手を離し、胸骨が広がる感覚を感じ取る。

ここをチェック

- **握って圧迫したときに圧迫感などがある場合はいったん中止、ほかのリカバリートレーニングをひと通り終えてから再度行う**
- **解放したときに胸が広がる感覚を追いかける**

しています。胸骨をふだんから柔らかく保つことで、このような影響を受けにくくする働きがあります。

仙骨《せんこつ》割り

1 四つ這いになり、前後にゆっくり大きく動く

後方へ移動時は股関節がしっかり曲がる位置まで、前方への移動時はへそが床につくところまで大きく動く。四つ這いの姿勢で行うことで股関節周りの筋肉の影響を受けることなく、ダイレクトに骨盤を刺激できるメリットがある。

背中が丸くならないように注意（特に後方移動時）
両ひざの幅はできるだけ大きく開く
つま先は外に向ける

1の動きのバリエーション

四つ這いで鼠径部を折りたたむように上半身を左右に動かすことで、より仙腸関節に動きが出やすくなる。

骨盤は仙骨（背骨の一番下にある三角形の骨）とその左右にある腸骨で構成されますが、それらをつなぐのが「仙腸関節《せんちょうかんせつ》」。姿勢や骨盤のコントロールに非常に重要な役割を担うものの、関節としてはとても小さい動きなので

動画はこちら

2 お尻を床につける

1で後方へと大きく移動できるようになったら、上体を起こして
お尻を床につけ、両手を離して脱力。左右の腸骨が
中央に向かって仙骨を圧迫するイメージで行う。

「とんび座り」にならないこと。右の写真のようにひざを大きく開くことでひざへの負担を回避し、骨盤を立てることができる。

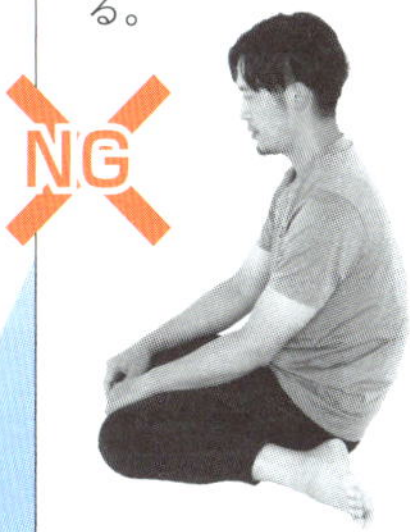

ここをチェック

- **1では背骨をぶら下げる感覚をキープする。股関節や仙腸関節が固いと、背骨や腰周りが力みやすくなる**
- **2では骨盤が左右から内側に締まる感覚を追いかける**

固まりやすい特徴があります。このトレーニングでは左右の腸骨から圧を加えることで仙腸関節の動きを取り戻し、腰回りの状態を改善します。

フェーズ 2

固さが残りがちな体幹の深部を整える

うつぶせ背骨揺らし（骨、筋肉、内臓）

1 うつぶせになり、骨・筋肉・内臓に意識を向け上半身を揺らす

うつぶせは力みが起こりにくい姿勢。
加えて、こぶし・ひじ・お腹が支点となり
安定するため、身体を揺らしやすい。
上半身をゆったり、小さく揺らして、
まずは力まずに揺らす感覚と
一定のリズムを身体に落とし込む。

背中や腰は脱力させる
つま先は立てない

身体を横揺らしにすることで、背骨の深部にある細かい筋肉（多裂筋や回旋筋など）や内臓の緊張を整えます。これらの筋肉は深部にあり、かつ、とても小さいので、一般的なストレッチではほぐれにくい性質があります。こういった場合、ゆっくり揺らすことによる身体の内側からのアプローチが有効です。
とにかく力まずに、ゆったりしたリズムで行いましょう。

動画はこちら

2 さらに意識を向け、上半身を揺らす

揺らすことに慣れてきたら、より意識を向けて続ける。
これは身体に意識を向ける（動きを感じとる）ほうが
ゆるみやすい性質を利用したもの。
まず筋肉に意識を置いて揺らし、次に骨、内臓の順番で行う。

筋肉・骨・内臓、
それぞれの揺れを感じとれるように

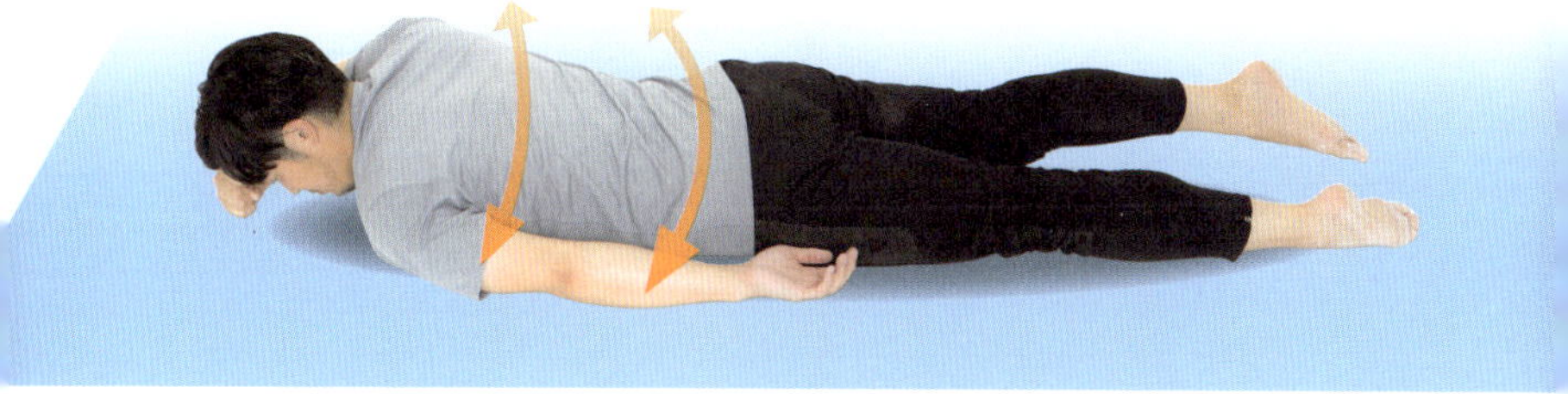

ここをチェック

- 意識を向ける先を変えることによる感覚の変化をしっかり感じとる
- リズムが変わったり、力みが出たりする場合は、一度動きを止めて腰腹呼吸を行う

大きく揺らそうとして力んでしまっては本末転倒です。

脚ドン

動画はこちら

1 片脚を身体に引き寄せる

足部をつかみ、ひざを外に開きながらへそに向かって引き寄せる。
このとき、腰腹呼吸で息を吸いながら、十分に引き寄せること。

POINT
一方の手で足首を、もう一方の手で足の甲を持つと安定する。

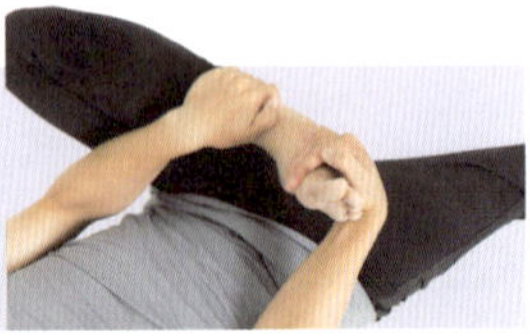

お尻の筋肉が十分に伸びていることを確認

股関節にはそれ自体の「自由な動き」と身体を支える「安定感」が同時に求められます。それゆえ力みによる固さや小さなずれ、つまり感や引っかかり感が起こりやすいのが特徴。近くには脚につながる大きな血管やリンパ管が通っているため、こういった問題は早めに解消しておく必要があります。

このトレーニングは足部を引き寄せることで股関節を外旋しながら大きく開くことに加え、お尻の筋肉を

2 息を吐きながら手を離し、脚をドンと落とす

脚の重みを感じながら、ドンと落とすことが重要。
「アジャスト」という作用が生じて、
股関節がよい位置に入りやすくなる。脚が勝手にまっすぐに戻るようにリラックスする。もう片方も同様に行う。

力みがあると、ドンと落とせないので力を抜く
着地でかかとを痛めないように柔らかいマットなどの上で行う

ここをチェック

- 片側だけ行って脚の動きや体重をかけたときの感覚の差を比較するとわかりやすい
- 脚を下ろしたときに脚全体に血液が流れる感覚を追いかける

伸ばし、血流をよくする作用があります。それらの相乗効果により、股関節の位置を整えます。

フェーズ2

外捻りでトラブルが起こりやすいひざを整える

すね内《うち》捻《ひね》り

動画はこちら

1 片ひざを90度に曲げ、両手ですねをつかむ

手のひら全体でガバッとつかむ。
ひざは90度に曲げた状態が「ゆるみの位置」。
曲げすぎたり、伸ばしすぎたりすると
ロックがかかり、すねが動きにくくなる。

足部や股関節に問題があると、すねの骨は外に捻れるというずれ方をする傾向があります。結果、すねの骨とつながるひざ関節が不安定（靭帯や半月板へのストレス）に。それを補うためにひざ周辺の筋肉が過剰に働き、疲労につながります。このような状態は血流も低下し、さらに疲労が蓄積しやすくなります。

ひざを90度にセッティングする理由は、各関節にはそれぞれ「ゆるみの位置」があるためです。そのポジションに入ると関節が動きやすくな

2 すねを内向きに捻る

じんわり力を加え、すねを内向きに捻る。
ひざ下からふくらはぎの真ん中くらいまでの範囲を
動きが出るまで繰り返し、約10秒。
もう片方の脚も同様に行う。

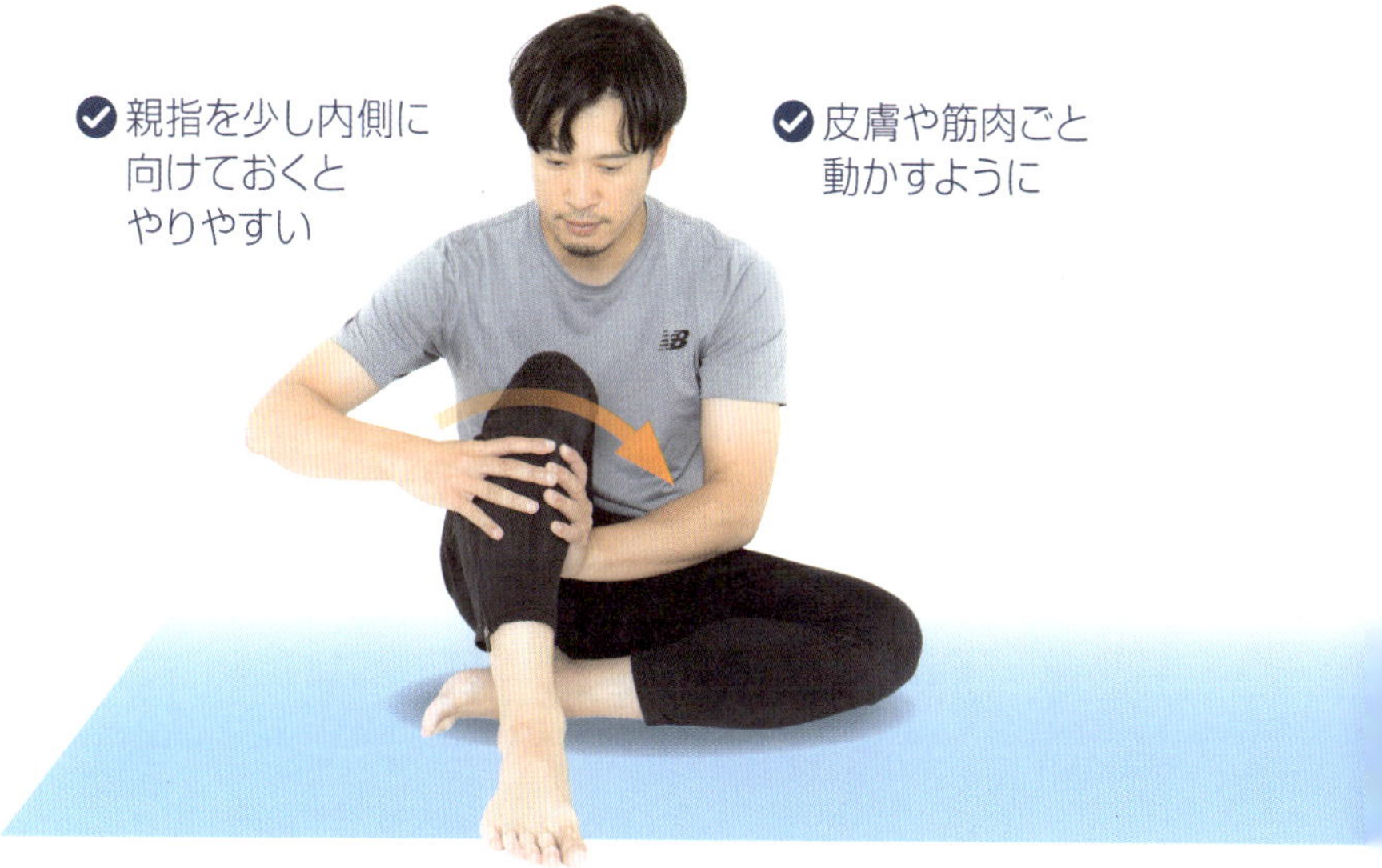
親指を少し内側に
向けておくと
やりやすい
皮膚や筋肉ごと
動かすように

ここをチェック

▶ **片側が終わったら、ひざを曲げ伸ばししたり、立って支えたりしてみると、やっていない脚との違い、変化がわかりやすい**

▶ **捻る方向を間違えやすい。外捻りしないこと**

るので、その性質を利用しています。

崩れやすい土踏まずを整える

足裏縦アーチ調整

動画はこちら

1 舟状骨《しゅうじょうこつ》を押し上げながら、指をグーパーさせる

舟状骨は土踏まずにある内側縦アーチの要。
アーチ上に両手の中指、薬指を当て、
下から押し上げながら足の指をグー、パーさせる。
それにより位置を整える。

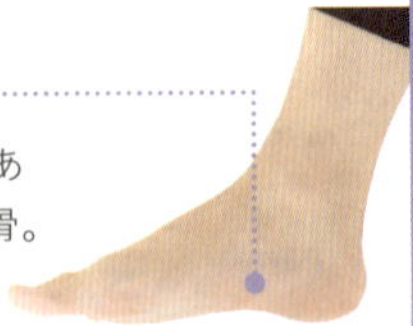

舟状骨の位置
内くるぶしの下にある出っ張りが舟状骨。

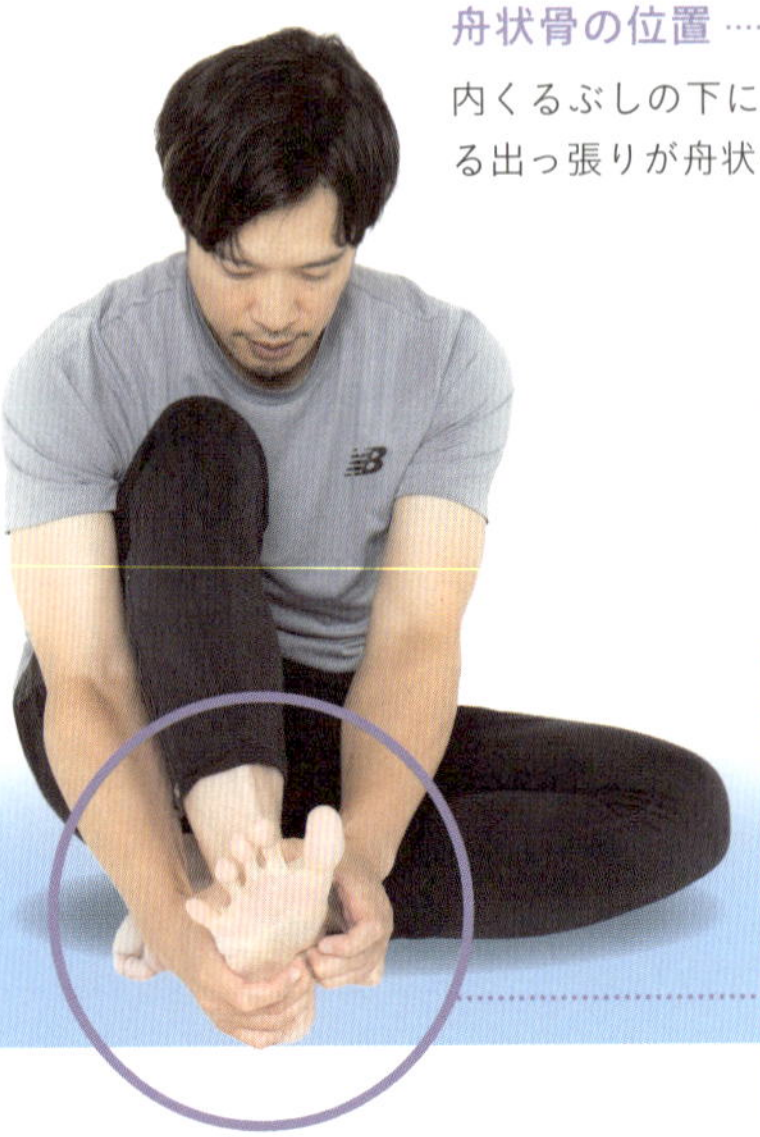

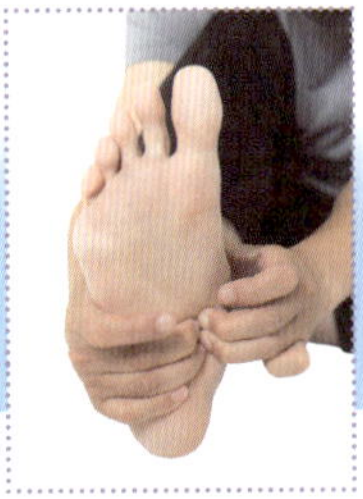

舟状骨から足裏に向かって垂直に下ろしたあたりが押し上げポイント。

足裏には縦2本、横1本のアーチがあります。アーチはバネやクッションの役割を担い、体重支持や重心移動での負荷を吸収・分散させますが、複数の小さな骨で構成されるため崩れやすい傾向があります。特に足裏の内側と外側を通る2本の縦アーチが崩れるとこれらの機能が使えず、ふくらはぎの筋肉などが過剰に使われます。

さらに、ひざや股関節、腰のトラブル、疲労蓄積の温床にな

2 立方骨《りっぽうこつ》を押し上げながら、指をグーパーさせる

立方骨は外側縦アーチの要。アーチ上に両手の中指、薬指を当て、下から押し上げながら足の指をグー、パーさせる。それにより位置を整える。

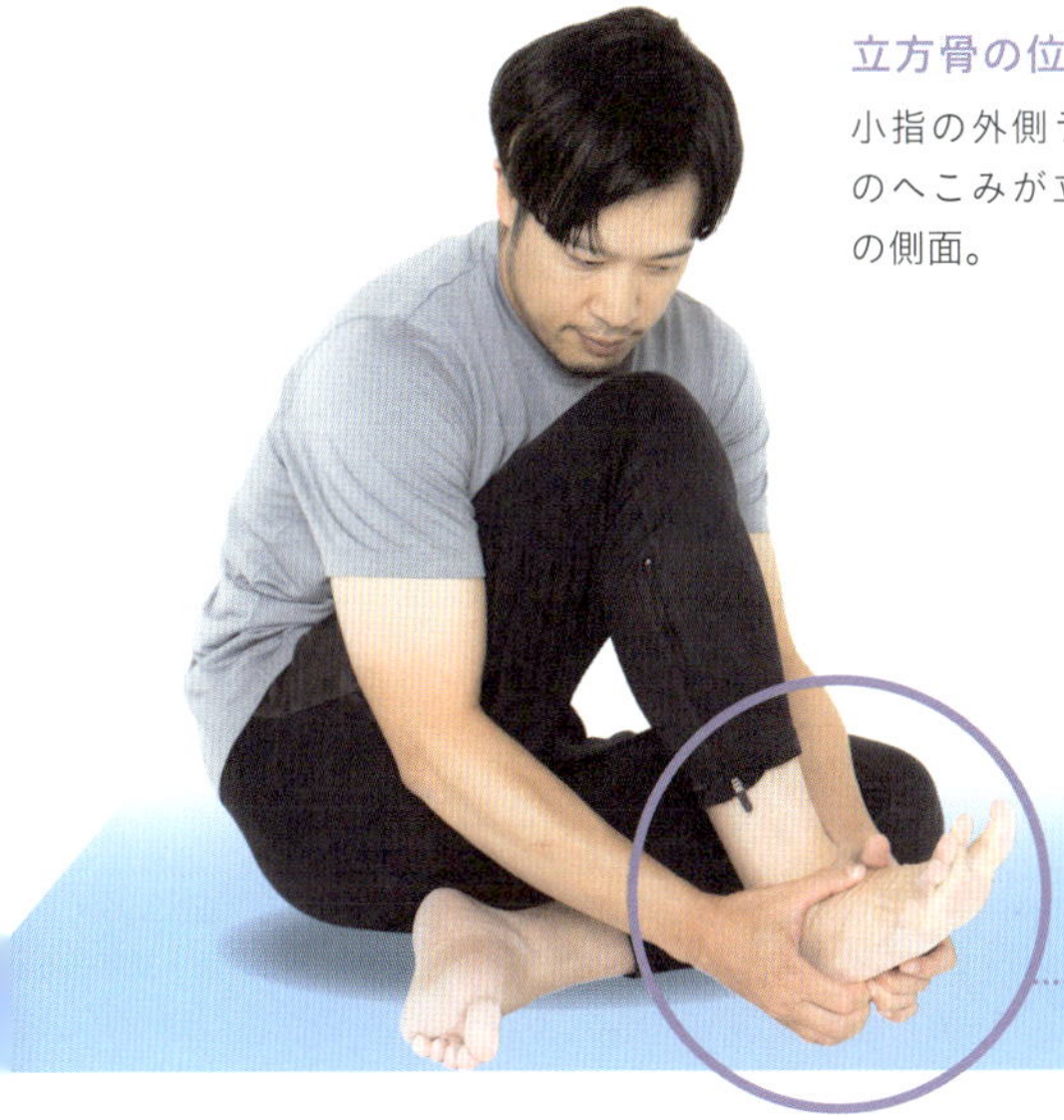

立方骨の位置

小指の外側ラインのへこみが立方骨の側面。

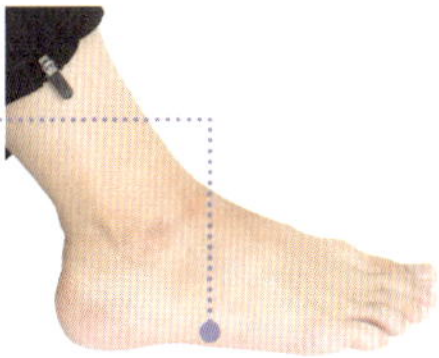

立方骨から足裏に向かって垂直に線を下ろしたあたりが押し上げポイント。

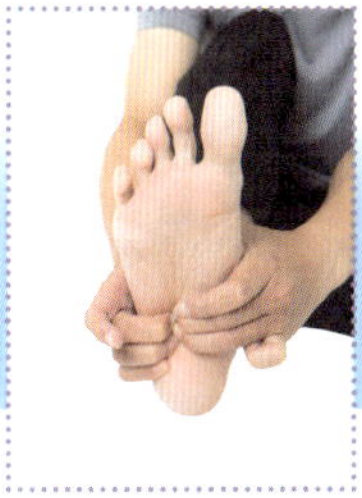

ここをチェック

- 押し込んで痛みがある場合はアーチがかなり崩れている
- その場合は痛気持ちいい程度の力で押し込みながら続ける

ることも。

ここでは縦アーチを構成する要である舟状骨と立方骨に刺激を与えることで、足裏全体を整えることを目的とします。

かかと回し

1 舟状骨と立方骨を押さえる

あぐらで座り、反対側の太ももに脚を乗せ、片手で舟状骨と立方骨（182～183ページ参照）をじんわり押さえて固定する。むずかしければ足の前側半分を固定する。

2点の押さえ方

舟状骨と立方骨を固定することで、外から加える力を効率よく伝えることができる。

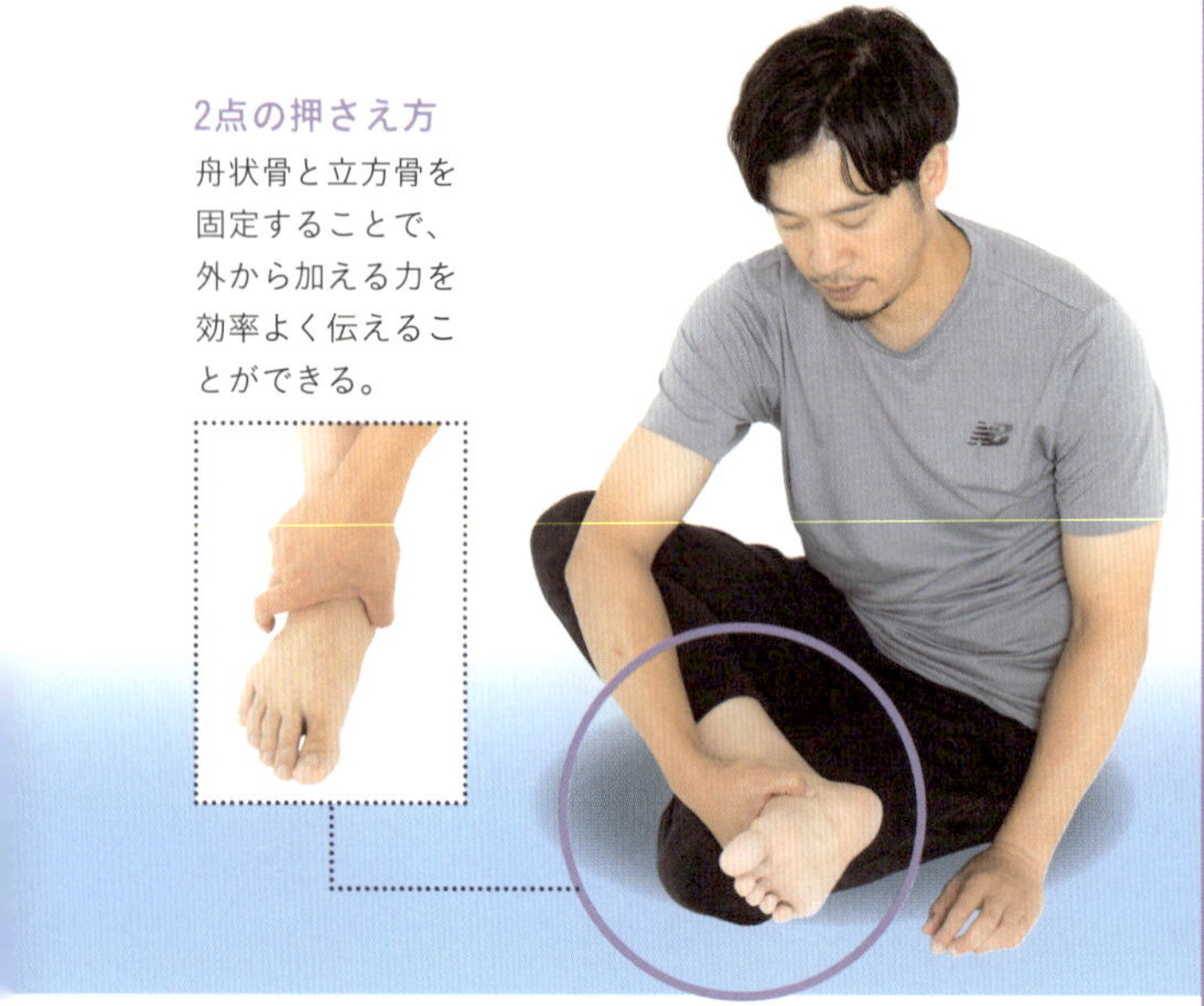

かかとの骨の底は船底のようにやや丸くなっています。それゆえ、そもそも左右に傾きやすいのですが、さらに縦アーチが崩れるなど、足部の構造バランスが悪くなると、内側や外側に向かって倒れます。特に多いのが内側に倒れる「回内《かいない》足《そく》」という状態です。

回内足の状態で固まりかかとの骨の動きが低下すると、ひざや腰、ふくらはぎの固さといったトラブル、疲労蓄積に。多く

動画はこちら

2 1の状態でかかとを回す

舟状骨と立方骨を固定したまま、かかとを持って回す。
10回ほど回したら逆方向に回す。
同様に逆側の脚も行う。

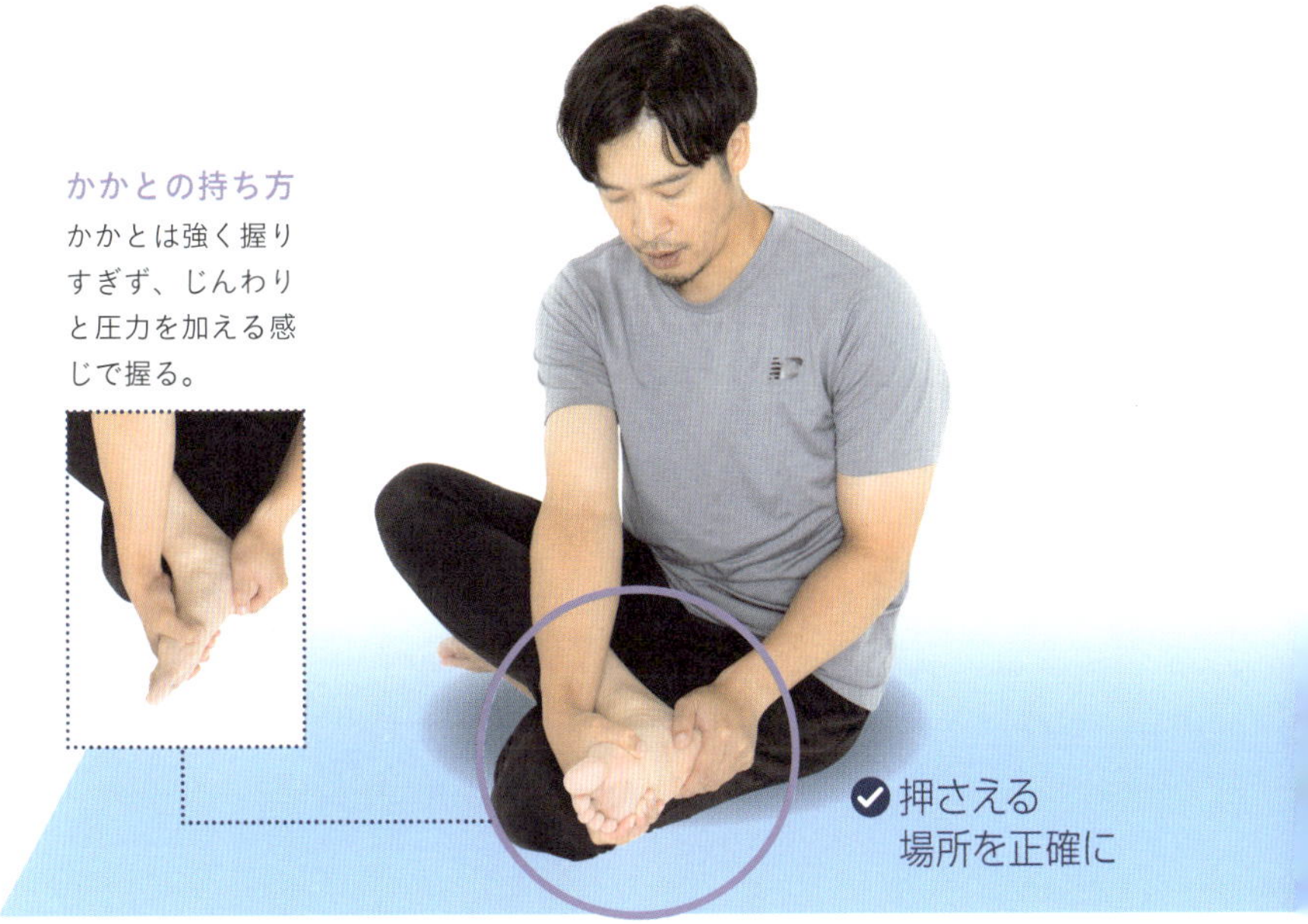

かかとの持ち方
かかとは強く握りすぎず、じんわりと圧力を加える感じで握る。

押さえる場所を正確に

ここをチェック

- 回す感覚がスムーズになるまで行う
- 固いと感じた場合はたくさん行ってOK
- 片側だけやってから、立って支えると変化がわかりやすい

が内側縦アーチの崩れと同時に起こるので、「足裏縦アーチ調整」（182ページ参照）とセットで行うのがおすすめです。

フェーズ2

緊張を起こしやすい肩甲骨の位置を整える

肩甲骨プルアウト

1 わきの下から手を入れ、肩甲骨を触る

手はできるだけ後方へ伸ばし、手のひらで肩甲骨に触れる。手が届かない場合は指先で肩甲骨に触れる形でもOK。

後ろから見ると…

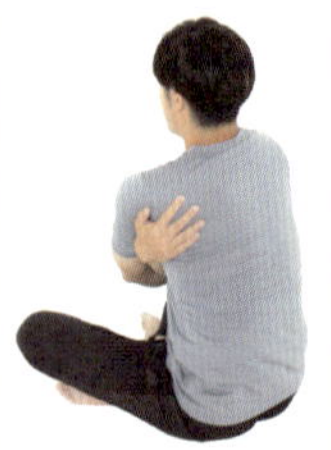

わきの下ではなくしっかり肩甲骨にあてる

✓ わきの下に入れた腕の上に反対側の腕を乗せる

胸を張って背すじを伸ばした状態＝よい姿勢だと思われがちですが、実は違います。それでは腰を力ませて反るように立つ姿勢になり、左右の肩甲骨が寄って固まりやすくなるのです。肩甲骨が固定されると、腰や首、ひざなどのトラブル、疲労の蓄積へとつながります。

本来、よい姿勢とは身体を揺らせば肩甲骨もゆらゆらと揺れるような位置関係にあります。つまり、肩甲骨周りが固まって

動画はこちら

2 揺らしながら、肩甲骨を引き出す

体幹を軽く横に倒し、そのまま揺らす。
揺らした状態を利用して、じわじわと肩甲骨を前方に引き出す。
体幹を反対側に倒し、同様に行う。もう一方の腕も同様に行う。

胸を少し捻り、手でも肩甲骨をじんわり引き出すように
体幹は少しだけ横に倒す

ここをチェック

- **うまく揺らせると、どんどん肩が前にずり落ちてくる感覚が出る**
- **肩がふんわり軽くなったらうまくできている**

いないのです。

ここでは背中側の筋肉（特に菱形筋《りょうけいきん》や僧帽筋）の緊張をほぐして、肩甲骨の動きの自由度を上げる狙いがあります。

▼「鍛える系」は鼻から吸って、口から吐く

フェーズ3のそれぞれのトレーニングは、横隔膜をメインに、横隔膜と関連する筋肉を鍛える内容になっています。横隔膜は単独で動くわけではないので、その**周りの筋肉にも刺激を与えることで、より効率よく腹圧の向上が得られます**。

特に**「吸い足し呼吸」「吐き切り呼吸」はフェーズ3の導入**として、ぜひ習得してほしいトレーニングです。

さらに、この二つをセットで行うことで、腸腰筋や腹横筋という呼吸に大きな影響力を持つ二つの筋肉を同時に鍛えられます。

フェーズ1、2とフェーズ3はともに腰腹呼吸で行いますが、やり方が少し変わる

ので注意してください。ポイントは次のとおりです。

フェーズ1、2：**鼻から吸って、鼻から吐く ⇓ 力みを抜く作用がある**

フェーズ3：**鼻から吸って、口から吐く ⇓ 腹圧を使うことを意味する**

口から吐くときは唇をすぼめて、細く、長く、吐くようにします。**深く吸える、深く吐けることは、呼吸機能を高めるためにもっとも重要な基礎**になります。

腹圧向上に重要な横隔膜を鍛える

吸い足し呼吸

動画はこちら

1 あぐらで座り、骨盤を立てて坐骨を感じる

あぐらになってから、少しお尻を後ろにずらすと骨盤が立ちやすい。背中や腰を力ませるほど骨盤を立てる必要はないが、ふだんより少し立てる感覚はほしい。

内側からかなり圧がかかるため、肛門を軽く締めて、軽く引き上げた状態をキープ

椅子に座って行ってもOK

横隔膜を最大限に収縮させるトレーニング。腰腹呼吸でいったん息を吸ったら、吐かずに吸い足すのがポイント。しっかりと横隔膜を収縮させることができ、腸腰筋（腰のあたりで横隔膜と連結する筋肉）にも刺激が入ります。

腸腰筋は大腰筋と腸骨筋で構成され、特に大腰筋は背骨と太ももの骨を直接つなぐ唯一の筋肉。身体の深部（中心近く）を通るため、姿勢を保持したり、動いたりする際に骨格を支持する作用が高く、筋肉の疲労

2 腰腹呼吸でお腹と腰を膨らませ、息を吐かずに吸い足す

一度息を吐き切ってから、
最大まで息を吸い込む。そこから
息を吐かずに、グッグッグッという感じで
段階的に息を吸い足していく。
お腹と腰が破裂するのではないかと
感じる限界まで行う。

✔ 空気が胸に逃げていないかチェック。お腹や腰が膨らんでいればOK

3 限界まで膨らませたら、口と鼻から息を吐く

限界まで膨らませたお腹と腰を感じとれたら、
一気に息を吐く。おもに口から吐くが、
慣れないうちは鼻から吐いてもOK。

ここをチェック

- **負荷が大きいため5回＝1セットとし、1日1セットのみ行う**
- **うまくできていると、1回目よりも5回目のほうが大きく膨らむ**

を防ぐ役割を持ちます。
また、内臓の間を通過するため、大腰筋がしっかり動くことで内臓の柔らかさを保つ作用があります。

腹圧向上に重要な腹横筋・腸腰筋を鍛える

吐き切り呼吸

1 あぐらで座り、骨盤を立てて坐骨を感じる

あぐらになってから少しお尻を後ろにずらすと骨盤が立ちやすい。
椅子に座って行ってもOK。

限界まで息を吐き切ることで、深部でお腹をコルセットのように囲み、腹圧を高めるために重要な腹横筋を鍛えます。腹横筋が弱いと、横隔膜が収縮して下がる（お腹が広がる）ときに腹圧がしっかり上がりません。鍛えることで、横隔膜の収縮力の強さを腹圧に転移する作用があります。

また、しっかり吐き切ることで腸腰筋にも刺激が入ります。このトレーニングは「吸い足し呼吸」（190ページ参照）とともに、横隔膜を最

動画はこちら

2 息を吐き、そのまま息を吸わずにさらに吐き切る

腰腹呼吸で一度息を吸ってから、
今の自分の最大まで息を吐く。
そのまま息を吸わずに、
お腹と腰をくっつけるつもりで
さらに吐き切る。

息は口から吐く。慣れないうちは鼻から吐いてもOK

POINT

最大限吐き切るため
身体が前傾してもOK。

3 限界まで息を吐き切り、鼻から一気に吸う

限界までへこませたお腹と腰を感じとれたら、
鼻から一気に息を吸う。慣れてきたら、
吸い込む際にお腹と腰を膨らませること。

ここをチェック

- 負荷が大きいため5回=1セットとし、1日1セットのみ行う
- クラクラしてきたら必ず休むこと
- 吐き切るときに腰の奥がきつくなるとうまくできている

大限に機能させる基本です。しっかり吸えない人は、しっかり吐けないケースが多く、吐き切ることは吸う能力を高めるためにも有効です。

フェーズ3

横隔膜の操作性を鍛える

上下呼吸

1 息を止めたまま、ボールを胸とお腹の間で往復移動させる

あぐらで座り骨盤を立て、鼻から息を吸ってお腹と腰を膨らませ下腹部にボールがあるとイメージする。胸にボールを移動させるときは胸と背中が膨らみ、お腹はへこむ。続いて下腹部に移動させるときはお腹と腰が膨らみ、胸と背中はへこむ。この動きがとても重要。

胸が膨らまないように注意
内側からかなり圧がかかるため、肛門を軽く締めて、軽く引き上げた状態をキープ
正面から見ると…
手の位置は胸とへそ下あたりが目安。

腰腹呼吸でお腹と腰を膨らませたまま、お腹の中にあるボール（イメージ）をお腹⇕胸へと移動させるトレーニング。ボールを胸に移動させるときは胸と背中が膨らんでお腹はへこみ、下腹部に戻すときはお腹と腰が膨らんで胸と背中はへこむ。このような動きは横隔膜や腹横筋、肋間筋をはじめとした呼吸関連の筋群を正確かつ強力にコントロールすることが要求さ

動画はこちら

2 3往復し、最後はボールを下腹部に戻し息を吐き切る

息が抜けないように注意し、ボールを3往復させる。
最後に下腹部に移動させ、そこで息を吐き切る。
ボールがだんだん小さくなってきたと感じたら、
息が抜けてきた証拠。

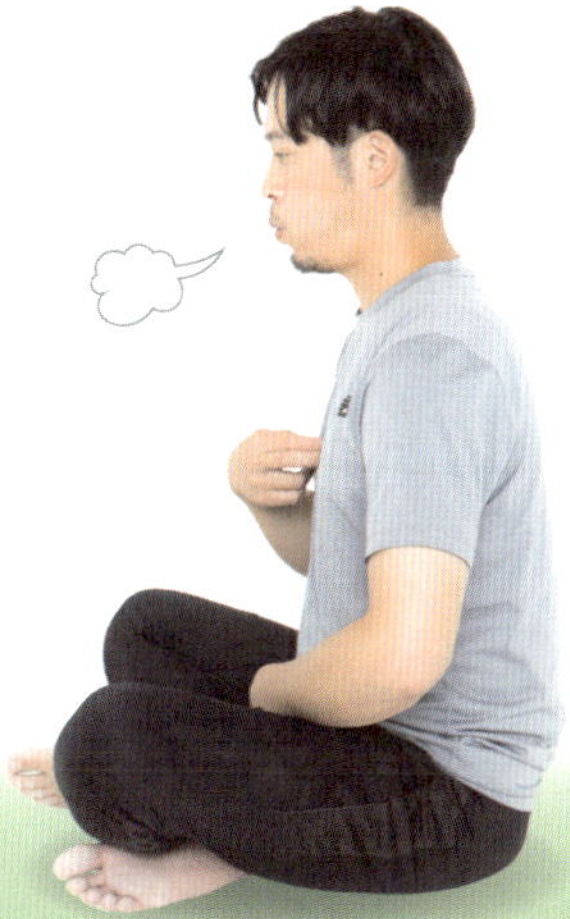

こんなふうに耳の真下の位置でボールを動かす

ここをチェック

- 負荷が大きいため5回＝1セットとし、1日1セットのみ行う
- 最後に息を吐き切るときにたくさん吐けるかを確かめる
- 体幹内が大きく動いている感覚を追いかける

れます。よって横隔膜の操作性（力の抜き入れの幅）が上がり、呼吸機能が向上、回復能力がアップします。

フェーズ3

腹圧を高強度で鍛える

締《てい》拡《かく》呼吸

片ひざ立ちで息を吐き、腰とお腹を膨らませたまま声を出す

手のひらで腰とお腹を触り、膨らんでいるのを確認しながら腰腹呼吸を数回行う。さらに、息を吐き、お腹をへこませるようにして締めたまま（締める力）、お腹と腰を膨らませるようにして（拡がる力）、内と外から押し合った状態をつくる。そのまま「あー」と声を出す。ここが締拡呼吸の肝。

あー
片ひざ立ちでも腰がしっかり膨らむことを確認
声を出しているときにお腹のセッティングが崩れないこと
つま先は立てない

内側から膨らませる力（拡）と外側から押さえ込む力（締）を鍛えて腹圧を高度に高めます。本来、腰が緊張して腹圧が入れにくい片ひざ立ち、両ひざ立ちの姿勢をとることで、緊張に負けない強い腹圧を入れなければならない状態に設定しています。

腰は上半身の重さや下半身から生み出される大きな負荷がかかる部位にもかかわらず、腰椎という一本の骨だけで支えています。それゆえ疲労して圧倒的にトラブルが起きやす

動画はこちら

動きのバリエーション **両ひざ立ちになり、腰腹を膨らませる**

両ひざを床につき、右と同じように締拡呼吸を行う。
ひざ立ちという腰が固まりやすいポジションによって、
より高い腹圧を要求される。

POINT

声を出せるかは重要。出せなければ横隔膜が使われていない。横隔膜の収縮ではなく、声門を締めることで息を止めて腹圧を保持していることになる。

手で腰を触り、腰が強く緊張=筋肉が固まっていないかを確認する（膨らんでいるかも確認）
お腹は少し締めたまま行う
つま先は立てない

ここをチェック

- **しっかり腹圧をつくることができたら、お腹をゴンゴン叩いて圧を確認する**
  →叩いても痛くない、跳ね返す感じがあればOK
- **20回叩く＝1セットとし、3セット行う（片ひざ立ち・両ひざ立ち共通）**
- **締める力が膨らませる力に負けないように注意**

い部位なので、腹圧を高めることによって腰の負荷をカバーする必要があります。

逆立ち

動画はこちら

1 床に手をついた状態から、逆立ちになる

まず床に手をつき、支える位置や手で床を押す感覚を十分確かめてから静かに脚を上げる。できるだけ全身を垂直に近づける。ゆっくり呼吸をしながら30秒キープ（はじめは10秒、慣れてきたら時間を延ばしていく）。

手のひら小指側で体重を支える
脚を上げるとき、床に目線を向けるとバランスがとりやすい
両手は肩幅ほど開く

横から見ると…

手と壁との距離は手のひら一つ分。距離があると身体が反りすぎてしまうので注意。

私たちの身体には常に重力がかかり続けています。身体のトラブルも、実は重力が関与しているものが多いです。

逆立ちは身体が受ける重力方向を真反対にするため、筋肉や関節、血流などには一時的に逆方向の力が加わります。猫背のようになっていた背骨は反る方向に、血流が低下していた部位は血流が改善するなどの作用が働き、シンプルですが有効な方法です。1日に1回は重力をリ

2 1の状態のまま、ゆっくり脚の開閉を繰り返す

逆立ち状態で脚の開閉を繰り返すことで、血流の改善作用が高まる。動的なバランスも要求されるので、背骨をはじめとした全身を連結させて支える力を向上させ、ムダな力みを改善する。

ここをチェック

- かかとが壁に触れる程度になっていればうまくできている
- 逆立ち中に息を止めやすいので、ふだんより呼吸に意識を向ける
- 慣れるまでは目が充血することがある。外出前などはなるべく避ける

セットする習慣をつけましょう。壁を使うやり方でOKです。

フェーズ3

垂直感覚を得て、立ち方を鍛える

KL《くるぶしライン》立ち上下動

動画はこちら

1 くるぶしラインをこぶしで10回叩く

叩くことで感覚が向上し、体重をかけていることを認識しやすく、正確に体重をかけられる。両足行う。

くるぶしラインとは

内くるぶしと外くるぶしをつないだラインのこと。ラインの中央あたりを狙って叩く。

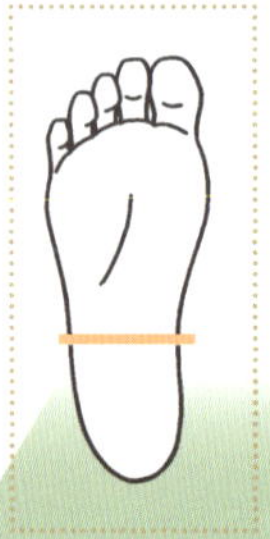

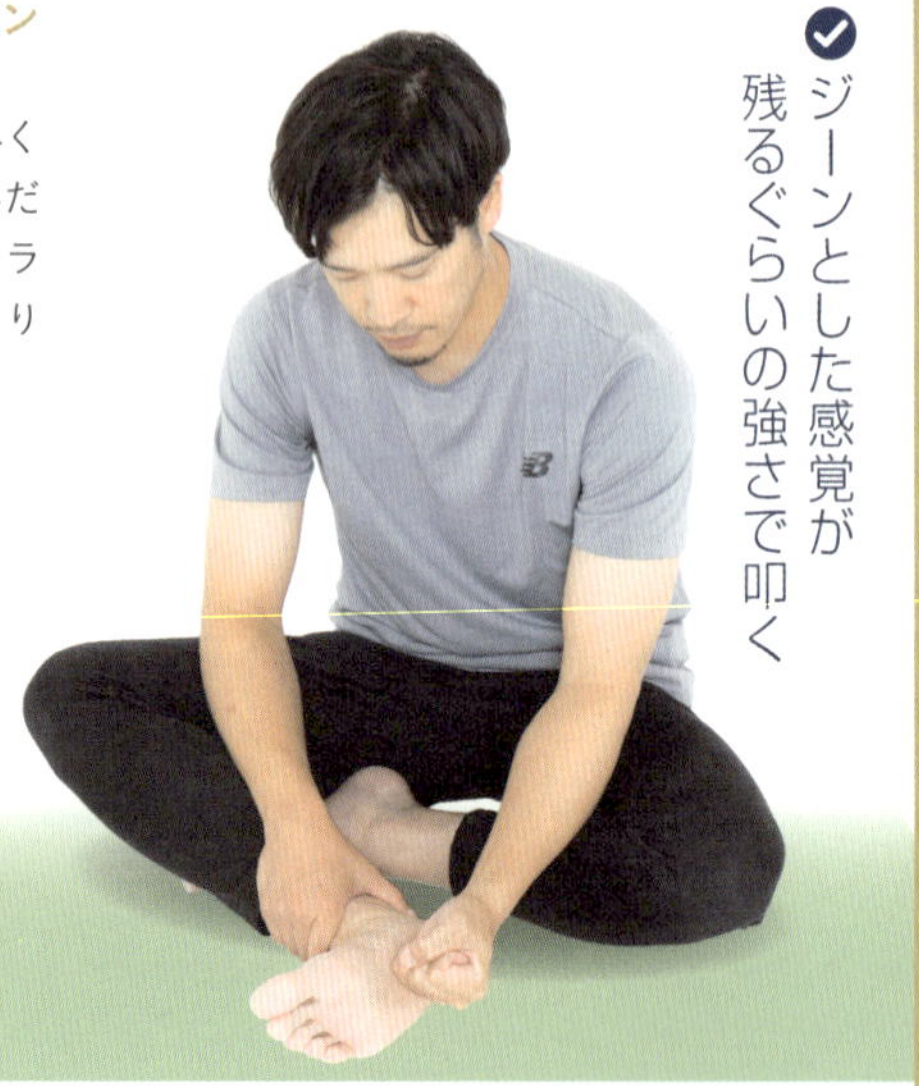
ジーンとした感覚が残るぐらいの強さで叩く

回復能力を高めるには、ふだんの立ち方をより効率のよいものにしていく必要があります。その第一歩は、内くるぶしと外くるぶしをつなぐ「くるぶしライン（KL）」で体重を支えること。「骨格の重心線」が「重力の垂直ライン」と一致するため、身体を筋肉で支える必要性が低くなり、力みが起こりにくくなります（この一致させる感覚を「垂直感覚」と言う）。

トレーニングの最初にくるぶし

2 くるぶしラインで立ち、フラフラする感覚を探す

両足の内側をくっつけ、叩いたポイントに頭の重さがかかるようにして立つ。このとき少しだけフラフラする感覚を探す。これは力みが抜けていくプロセスに必要な作業。

✔ フラフラする感覚＝小さな揺らぎレベルでOK

✔ 前傾した状態だとくるぶしラインで振動をキャッチできない

3 小さく軽く上下動して、くるぶしラインで振動を受ける

2の状態のまま、身体を小さく上下動させる。垂直感覚を研ぎ澄まし、自分の立ち姿勢から生じる重心線と垂直ラインのずれを調整するのが目的。

✔ 1秒に2回上下するぐらいのテンポで、1～3分繰り返す

ここをチェック

- フラフラするのは悪いことではなく、力みが抜けていくプロセス
- 上下動の際に肩や肋骨がほぐれていくような感覚を追いかける
- 正確にくるぶしラインで振動を受け止める状態をキープする

ラインを叩き刺激を与えることで、正確に体重をかける感覚を研ぎ澄ます作用があります。

インナースクワット

1 肩幅よりも広い位置に足幅をセットし、つま先を開いて立つ

足幅は感覚で調整してOKだが、しゃがんだときにすねの骨ができるだけ垂直に近くなるように。動作中、常にくるぶしラインに乗り続ける位置に足をセットする。

- 手は合掌する
- しゃがんだ際にすねの骨が45度外に向く。足幅が狭いと逆八の字になるのでNG

又割りや肩入れストレッチなど股関節に働きかける類似トレーニングは多々ありますが、インナースクワットにはくるぶしライン（200ページ参照）を保ったまましゃがむことで股関節を深く曲げ、大きく使えるメリットがあります。

　特に壁を利用して股関節を開く作用は絶大。骨盤や背骨のコントロールもかな

動画はこちら

2 1の状態から、上半身を垂直にキープしたましゃがむ

腰を丸めないように注意しつつ、息を吸いながら深くしゃがむ。基本は腰腹呼吸。お腹と腰を膨らませたまま行う。

横から見ると…

一般的なスクワットより、ずっと深く沈み込む。くるぶしラインはキープ

POINT

慣れてきたらつま先が壁に触れるぐらいの距離で壁の前に立ち、同様に行う。壁の近くで行うと頭やひざが前に出ていることに気づきやすく、より外に広げようとする意識が働く。

- しゃがみ切ったとき、上半身は垂直。背中と腰が丸くならないこと
- スムーズに立ち上がれる状態をキープ

ここをチェック

- 常に股関節が開いた（外旋）感覚を保つ
- 常にくるぶしラインに乗り続ける
- ひざが痛い人は無理をしないこと

り要求されるのでその鍛錬にもなり、柔軟性や血流が改善する作用があります。

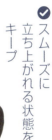

トレーニングの頻度や回数より大切なこと

ここまで具体的なトレーニング方法を紹介しましたが、実践する頻度や回数、負荷などが気になると思います。ここでまとめておきましょう。

もし**ふだん行っているストレッチやマッサージなどがあるなら、それらをやめる必要はありません**。これまでのトレーニングにプラスして行います。先にお伝えしたとおり、回復能力が底上げされると、ストレッチやマッサージといった回復行為の効果が出やすくなるメリットがあります。

その日の疲労を翌日に持ち越さないという意味では就寝前に行うのがベストですが、継続するほうが大切です。好きなタイミングで取り入れてください（フェーズ0についてはＩ５８ページを参照）。

ただし、すき間時間に1種目だけ行うといったやり方はあまり有効ではないので、数種目をまとめて取り組むのがおすすめ。フェーズの順番さえ守れば、好きな種目を行って大丈夫です。

リカバリートレーニングでは、**基本的に回数やセット数を設定しません**。それらを決めてしまうと身体の感覚よりも回数を追いかけてしまい、身体が変化していく感覚を探す精度が落ちやすくなるからです（ただし、強化呼吸系のリカバリートレーニングは負荷も大きいので回数を記載しています）。

自分の身体の状態や変化を感じとることは、重要なリカバリースキルの一つです。常に自分の感覚を大切にしてください。

とはいえ、最初はなかなか感覚をつかみにくいかもしれません。その際はフェーズ0の「4つのチェックポイント」に立ち戻りましょう。

- **ふくらはぎの固さ**
- **お腹の固さ**
- **後頭部・側頭部の固さ**
- **呼吸の深さ**

多くの場合、固くなっている部位を押すと痛みが出るので、それも指標にできます。**前より固く感じたら疲労が溜まっているし、同じように練習しても前より固くなっていなかったら、回復能力が上がっている**と考えて問題ありません。

リカバリートレーニング中は、

- **今よりもスムーズに固さがとれた感覚が得られるまで繰り返す**
- **疲労や力みを感じたらストップ**

という指標で行いましょう。

もし、ある程度の客観的な設定が必要な場合は、「60秒間自分のペースで繰り返す」というように**時間で区切るようにします**。回数にこだわる必要はありません。

続いて頻度についてです。ほかのトレーニングや練習と並行しながら行うので大変だとは思いますが、できる限り高頻度が望ましいです。

お伝えしたように、私たちの身体には無意識に身についたクセがあります。それらは無意識かつ高頻度で繰り返してきたために、身体に刻み込まれてきたものです。望ましくないクセがある場合は、望ましいものに上書きしていく必要があります。そのために、**一時的に新しい刺激＝「意識的（リカバリートレーニング）×高頻度」に置き換える**のです。

特に疲労によるパフォーマンス低下やケガの問題が大きな課題となっている場合は、筋トレなどの負荷をかけるようなトレーニングよりもリカバリートレーニングの優先度と頻度を上げるようにしてください。

湯船に浸かる20分を活用する

すでに疲労が蓄積している人にとってフェーズ1は特に重要です。可能な限り毎日継続してほしいですが、1日24時間のうちトレーニングに使える時間は限られていると思います。さらに、その時間の中でリカバリー系のトレーニングにかけられる時間はと言うと……優先順位が低くなるはずです。

そこで、**入浴時間を活用することでルーティンに組み込んでしまう**のです。

シャワーですませる人も多いと思いますが、しっかり湯船に浸かりましょう。身体が深部から温まるので、それだけで循環がよくなります。**循環を高めることはリカバリースキルの基本**でしたよね。

あくまでも私の経験に基づいた提案ですが、プロ選手やプロを目指す選手には朝と夜の2回入浴することをおすすめしています。

温度は38～40度を目安に。これは発汗を促し、お腹などの身体の深部まで温めることができる温度です。できれば20分以上浸かることをおすすめします。

汗が吹き出すぐらい、特にお腹や脚を温めてください。入浴前後や入浴中は水分もしっかり摂るようにしましょう。

リカバリートレーニングは、少なくとも3カ月以上継続してはじめて変化を感じられることが多いので、3カ月後を楽しみに、いかに無理なく続けるかが最大のカギになります。

可能ならば、湯船の中でフェーズ2まで行ってもOKです。

湯船に浸かりながら行える
トレーニングの一例

フェーズ1 ほぐす系	爪わきほぐし
	お腹ほぐし
	腰腹呼吸
	左鎖骨下ほぐし
	目・耳ほぐし
	ふくらはぎほぐし
	後頭部・側頭部ほぐし
フェーズ2 整える系	胸骨握り解放
	すね内捻り
	足裏縦アーチ調整
	かかと回し

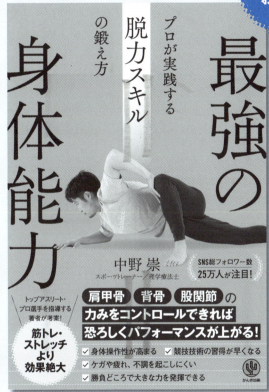

フェーズ3の鍛える系も、練習の前後はもちろん、ふだんの習慣や生活ルーティンに組み込んでみてください。

負担が大きくなっていつかやめてしまうよりも、少しでもいいので、とにかく続けることを優先しましょう。

時間をかけ、自分と向き合いながら積み上げた結果として得たリカバリースキルは、あなたの身体能力を確実に成長させてくれるはずです。

今の生活習慣の中で回復能力の妨げになっていることを知り、自分が本気で取り組んでいるスポーツのために習慣を変えてみる。そういう行動変化を実践できることは、回復能力以上に大きな能力の獲得につながります。

リカバリートレーニングをいつからはじめるのか

この本を読んでいる人の中には、若くて、疲労を感じないという人もいるかもしれません。ですが、リカバリートレーニングはなるべく早い段階から取り入れることをおすすめします。

理由は二つあります。

理由1 維持するほうが簡単だから

固くなってしまったものを柔らかくするよりも、柔らかいものを維持するほうが簡単だからです。

人間の身体の性質として、使わない部位は固くなり、血流も低下します。使わない

部位があると、「そこを使わない動き」を覚えていきます。

それが身についてしまうと、いくら一時的に柔らかくしても、そこを使う動きが身についていないために再び固くなっていく可能性が高くなります。

股関節の柔軟性などはその典型です。

たとえばデスクワークなどで長時間、股関節やその周りの筋肉が使われる頻度が落ちてしまうと、それらは固まっていきます。

そうでなくとも、**股関節の可動域を大きく使う動作は日常には少なく、かなり意識的に動かしていなければ固まりやすい状況にあります。**ストレッチをしたその日は柔らかくなっても、数日やらなければ必ず元に戻っていきます。

「柔らかさを維持する」という意味では、子どもの頃からはじめていただいてもよいくらいです。

この点はリカバリートレーニングに限らず、子どもの頃の柔らかさが維持できるようにしておくことは非常に有効です。

理由2 リカバリースキルには生活習慣を含むから

疲労の蓄積には習慣が深く関係しているためです。

回復能力には筋肉だけでなく呼吸や皮膚の状態、自律神経、内臓などが関係します。これらは生活習慣の影響を強く受けます。

先にお伝えしたように、「疲れた」という自覚がなくても、ある部位に負荷を与えている状態は「疲労」にあたります。たとえば内臓であれば、ふだんから冷たいものや添加物の多い食品などを頻繁に口にする習慣があるなら、内臓を日常的に酷使し、その働きを徐々に低下（疲労）させていることになります。

その結果、横隔膜の動きが妨害されて呼吸が浅くなり、疲労が抜けにくくなるといった構図を生みます。

こういった関係を知らずに、よくない生活習慣を長く続けてしまうと、状態の改善、すなわち回復能力の向上に時間がかかってしまうことは、容易に想像がつくでしょう。

リカバリースキルとは、回復能力を高めるための考え方と身体づくりそのものです。

考え方には、**疲労の起こりやすさと身体の状態の関係を知る**ことが含まれます。「専門家でもないのにそんな知識が必要なのか？」と思われるかもしれませんが、回復能力を高めるうえでは大切です。

また、リカバリートレーニングはその重要度に反して、ほかの強化系トレーニングよりも後回しにされがちです。要するに、**ほかのトレーニング以上に「やる理由」を理解しておく必要があるのです。**

プロ選手であっても、若い選手ほど回復行為や回復能力への関心は低く、ベテラン選手ほどこの領域を重視しています。

裏を返すと、そういう選手だからこそベテランと呼ばれるくらい長くプレーできているのかもしれません。

問題を起こしやすいクセを知っておこう

身体のクセがケガの原因やパフォーマンス向上の妨げになっているケースもあるので、早い段階で自分のクセ（専門的には「パターン」と言います）を理解することは、パフォーマンス向上を目的とする場合でも、回復能力を高める目的でも非常に有効です。

一つの指標として、疲労につながりやすいクセを紹介しておきます。

姿勢のクセ

①立っているだけで腰や肩、太ももやふくらはぎに力みがある

②どちらかの足に体重が偏っている、つま先寄りに体重をかけてしまう

③まっすぐ立ったときに頭が前にでている、腰が反っている、左右の肩の高さが違う

④猫背

特に①の場合、長時間の立ち仕事の人は太ももやふくらはぎが疲労しているはずです。

これらはすべて「姿勢のクセ」に起因します。動いていない重力下でただ〝まっすぐに〟身体を支えているだけにもかかわらず、偏りを起こしてしまっているため、**身体の同じ部位ばかりが頑張ることになってしまっている**のです。

その結果、いつも同じところに疲労が起こり、それが蓄積して筋肉疲労や血行不良を起こしやすくなっています。

動きのクセ

①強い力を出そうとするときや、練習後に常に腰が張る

②ボールを投げるなど腕を使うときに肩が力む

③片脚でバランスをとろうとするときなどに、腕や首が緊張する

動きのクセは強い力を出そうとしたり、速く動こうとしたりするとき、またはアンバランスな状態のときなどに出現しやすくなりますが、**一流選手は強い力を出すときや速く動くときでも力まず、身体全体を連動させることで大きな力を発揮しています。**※

さまざまな動きは姿勢とも関係が深いため、切り離して考えることはできません。つまり**姿勢のクセも含めて、身体のクセはおもに「力み」として現れやすくなっています。**

特に腰は姿勢のクセも、動きのクセも出やすい部位です。

国民の約8割が一生に一度以上、腰痛を経験すると言われますが、腰痛の一歩手前が腰の疲労です。

人類は重力に逆らって、本来は不安定な2足歩行で生活しているため、腰が疲れるのは力学的に当たり前です。腰椎の周りに支える仕組みが少ないという、骨格の構造上からも、腰が疲労しない人は皆無と言ってもいいでしょう。

※このような、力みを抜いて身体全体を連動させる身体操作を「脱力スキル」と言います。この内容については、拙書『最強の身体能力　プロが実践する脱力スキルの鍛え方』で詳しく解説しています。脱力に課題がある人はぜひ参照してください。

スポーツをしていて腰痛を経験したことがある人はわかると思いますが、腰が痛いと大半の競技動作はうまく行えません。

スポーツをしていない人でも、少しでも腰痛があると日常生活でストレスを感じると思います。こういった**ストレスは、間違いなく脳疲労または精神疲労へとつながります**。

呼吸のクセ

「呼吸にクセなんてあるの？」と思う人もいるかもしれませんが、実はあります。

私たちは1日に約2万回の呼吸をしています。しかもほとんど無意識にです。先にお伝えしたように、呼吸は内臓の状態や横隔膜の機能など、身体の状態によって影響を受けます。

つまり呼吸は高頻度かつ無意識、そして身体の状態から影響を受けるという、クセが身につく条件を十分に満たしているのです。

では、呼吸のクセにはどのようなものがあるかというと、**代表的なものに「胸式呼吸」と「腹式呼吸」があります。**意識すれば腹式呼吸ができるけど、無意識だと胸式呼吸になりがちだという人はたくさんいます。

胸式呼吸とは、吸うときに胸が上下するような呼吸様式です。横隔膜の動きがあまり起こらず、肋間筋や肩周りの筋肉を過剰に使ってしまう、実は非効率な呼吸パターンです。

一方、腹式呼吸は吸うときにお腹が上下し、効率のよい呼吸をすることができます。

先に結論をお伝えすると、**胸式呼吸は疲労を起こしやすい呼吸のクセです。横隔膜が動かないために内臓のマッサージ作用が働きにくく、固まりやすいのです。**

肺の下部にある肺胞（肺の中で吸い込んだ酸素と体内の二酸化炭素をガス交換する組織）が活用されないことで肺の機能が最大限に発揮できないため、呼吸器系に過度の負担がかかります。

このような非効率な呼吸は酸素の吸収が不十分になるため、血液中の酸素量が減少し、疲労回復能力を低下させてしまいます。

ほかにも、**大きな力を出そうとするとき、緊張したとき、細かい作業をしようとするときに息を止めてしまう**のもよくあるクセです。こちらも胸式呼吸と同じような問題を引き起こし、力みにもつながります。

思い当たるクセはありましたか？

リカバリートレーニングと並行して、自分のクセやそれを引き起こしている習慣に関連づけて分析してみてください。

COLUMN

私が行う各種トレーニングに東洋医学の考え方を取り入れる理由

私自身はおもに西洋医学を扱う理学療法士の資格を保持していますが、その知識体系だけではどうしても解決できない問題に悩まされた経験があります。そんなとき、東洋医学の知恵を借りるのです。

ケガをした選手が競技へと復帰する場面において、痛みもない、筋力も問題ない、可動域にもレントゲンやMRIにも問題がない。しかし違和感は残っているといったようなことがあります。にもかかわらず（西洋）医学的観点では、「問題なし」とされ、競技への復帰が許可されます。

選手は違和感を抱えたまま、「競技に復帰したらそのうち違和感はなくなるだろう」と練習に復帰しますが、結果としてケガが再発した、などの例は実はかなりあります。

違和感があるということは、「そのままではまずい」という信号を身体が発しているということ。「問題なし」というのは、その検査では違和感の原因が見つからない、ということを意味しているにすぎないのです。

西洋医学の観点で問題が見つからなかったとしても、東洋医学の観点、経絡には問題が出ていることは多く、その経絡のエラーを解消することで違和感が消えるということは少なからずあります。

おわりに

プロ選手、社会人選手、学生選手、そして小学生の選手までもが、試合の過密日程や過剰な練習量を求められています。

少しずつ改善している競技やカテゴリーもありますが、オーバーワークが引き起こされるような環境にまだまだたくさん出合います。

ある国際大会では、当然のように過密日程の中、歯を食いしばって頑張る選手たちの姿を見かけ、私にはまるで疲労と戦っているようにすら感じられました。

特に夏場は多くの選手が炎天下での練習を余儀なくされ、練習がはじまる前にすでに疲れた顔をしている選手すらいます。

もちろんパフォーマンスを高めるためには、脳や身体を限界まで追い込むような状況が必要なことも多いです。

しかし、指導者側は追い込んだ末に疲労が残った場合のことまで考えて、練習・トレーニングのシステムをデザインしているでしょうか？

チームとしてクーリングダウンはやっているが、ウォーミングアップや練習ほど内容にはこだわっていない。追い込むだけ追い込んで、あとは各自に任せるといった状態に近いケースも多々あります。

膨大な練習量で心身を追い込むことが勝つために必要なのであれば、本来、そのために負うことになる負荷や疲労からの回復プロセスまで設計するのが、指導者側の責任ではないでしょうか。

私はこれまで、ヘトヘトになるまで自分を追い込み、その結果としてケガや疲労に悩まされ続けている選手に数多く出会ってきました。

彼らの多くはとにかく真面目に、たくさん練習します。

そんな彼らの努力が「疲労」という存在によってパフォーマンスの向上や発揮が妨げられ、勝利という形で反映されない――。このことは悔しさとともに、〝追い込んで終わりシステム〟への憤《いきどお》りへとつながっていきました。

さまざまな事情があることも理解していますが、過密日程を要求する大会

運営方針にも同様の思いを持っています。

結果的に、今選手たちに足りないのは回復行為とその効果を下支えする回復能力です。それらがチームやスポーツ界からカバーされない以上、やはり個人でリカバリースキルを身につけることがもっとも重要な対応策になるでしょう。

＊

選手の努力と成果の間に起こるギャップをなくしたい。

私はそのような思いを持って、選手たちのリカバリースキルの向上・指導をサポートしてきました。

選手たちの多くは、自分のお腹の固さや呼吸の浅さなどに気づき、それらと自分が抱える問題とのつながりを理解し、身体の変化と向き合うことになります。

そして、リカバリースキルを向上させる必要性を理解し、継続的に取り組むと、自分の身体の変化に気づくセンサーの機能が上がります。筋肉の張りや呼吸が少し浅くなったことに、すぐに気づけるようになるのです。

小さな変化に気づけるということは、早い段階で問題に対処できることを意味します。問題が複雑・重大化する前に解消することができるのです。

リカバリースキルを獲得した選手がケガをしなくなる理由は、こういったところにあります。このようなセンサーは疲労の蓄積を防ぐ作用だけでなく、繊細な感覚を元にした身体操作の向上、そして高いパフォーマンスの発揮へとつながっていきます。

疲労からの回復はケガを防ぎ、パフォーマンスを発揮するための重要ファクターである以上、その機能を向上させることがパフォーマンスアップにつながる。そういう考えのもと、私は回復する力を「能力」と位置づけ、トレーニングの対象としました。

能力は一日や二日しっかり集中してやったからといって、身につくものではありません。長い時間をかけてしっかり積み上げて、身体が徐々に変わることで本物の「身体能力」が身につきます。

そのためには継続が大事。継続しか力にならないことは、もうおわかりだと思います。

しかし、頭では理解していても頑張れない日は必ずあります。でも、できない日があっても、自分を責める必要はありません。

「やらなければならない」という意志の力や、「続けられない自分はダメだ」というジャッジメンタルだけでは、新たな精神疲労・脳疲労を生み出してしまいます。

だから、湯船に浸かっているときに、1種目だけやって終わりにする日があってもいいのです。

1年スパンで考えて、「継続できている」と言えればOKです。その代わり、疲れを感じた日には、そこからしばらくは重点的にやってほしいと思います。

若い選手ほど、パフォーマンスを高めるために追い込むほうが〝やっている感〟がありますし、実際それが有効な方法だと思います。

しかし、ときにはふだんよりも長い物差しで自分の競技人生を眺めてみてください。

私が選手をサポートする際に必ず用いる戦略は、「今シーズン強くなるトレーニング」と「3年後強くなるためのトレーニング」を並行することです。

3年とまでは言いませんが、リカバリースキルの習得には時間がかかるかもしれません。ですがその分、強力な武器になってくれます。そのためにも、今から〝仕込んで〟おいてください。

この本がボロボロになる頃、あなたの身体は大きく変わっているはずです。ぜひ本腰を入れて取り組んでみてください。きっと新たな可能性に出合えます。

最後になりましたが、本書を執筆・出版するにあたり支えていただいた多くの方々に心より感謝申し上げます。

中野崇

【著者紹介】

中野　崇（なかの・たかし）

◉――スポーツトレーナー。フィジカルコーチ。理学療法士。株式会社JARTA international 代表取締役。

◉――1980年生まれ。大阪教育大学教育学部障害児教育学科（バイオメカニクス研究室）卒業。2013年にJARTAを設立し、国内外のプロアスリートへの身体操作トレーニング指導およびスポーツトレーナーの育成に携わる。イタリアのトレーナー協会であるAPF（Accademia Preparatori Fisici）で日本人として初めてSOCIO ONORATO（名誉会員）となる。イタリアプロラグビーFiamme oroコーチを務める。また、東京2020パラリンピック競技大会ではブラインドサッカー日本代表フィジカルコーチとして選手を支えた。

◉――YouTubeをはじめとするSNSでは、プロ選手たちがパフォーマンスを高めるために使ってきたノウハウを一般の人でも実践できる形で紹介・発信している。

◉――著書に、『最強の身体能力　プロが実践する脱力スキルの鍛え方』（かんき出版）、『ハイ・パフォーマンス理論　競技場に立つ前に知っておきたい「からだ」のこと』（晶文社）がある。

［YouTube］　youtube.com/@JARTAnakano
［Instagram］　tak.nakano
［X］　@nakanobodysync

最強《さいきょう》の回復能力《かいふくのうりょく》　プロが実践《じっせん》するリカバリースキルの高《たか》め方《かた》

2024年12月2日　第1刷発行
2025年1月6日　第2刷発行

著　者――中野　崇
発行者――齊藤　龍男
発行所――株式会社かんき出版
東京都千代田区麴町4-1-4 西脇ビル　〒102-0083
電話　営業部：03(3262)8011㈹　編集部：03(3262)8012㈹
FAX　03(3234)4421　振替　00100-2-62304
https://kanki-pub.co.jp/

印刷所――シナノ書籍印刷株式会社

　ISBN978-4-7612-7773-4 C0030